GUERRA DA UCRÂNIA
E CRISE MUNDIAL

Copyright© 2023
Editora Livraria da Física

Editor: JOSÉ ROBERTO MARINHO

Editoração Eletrônica: Alexandre Nani

Capa: Alexandre Nani

Texto em conformidade com as novas regras ortográficas do Acordo da Língua Portuguesa.

```
Dados Internacionais de Catalogação na Publicação (CIP)
         (Câmara Brasileira do Livro, SP, Brasil)

    Guerra da Ucrânia e crise mundial / Daniel
       Gaido...[et al.] ; organização Osvaldo Coggiola.
       -- São Paulo : Livraria da Física, 2023.

       Outros autores: Francesco Schettino, José
    Alexandre A. Hage, José Menezes Gomes.
       Bibliografia.
       ISBN 978-65-5563-375-7

       1. Ciência política 2. Geopolítica 3. Guerra -
    Aspectos políticos 4. Guerra - Ucrânia - Rússia -
    Século 21 5. Ucrânia - Política e governo I. Gaido,
    Daniel. II. Schettino, Francesco. III. Hage, José
    Alexandre A. IV. Gomes, José Menezes. V. Coggiola,
    Osvaldo.

23-173471                                     CDD-320
              Índices para catálogo sistemático:

       1. Guerra : Ciência política   320

    Eliane de Freitas Leite - Bibliotecária - CRB 8/8415
```

Todos os direitos reservados. Nenhuma parte desta obra poderá ser reproduzida sejam quais forem os meios empregados sem a permissão das organizadoras. Aos infratores aplicam-se as sanções previstas nos artigos 102,104,106 e 107 da Lei n. 9.610, de 19 de fevereiro de 1998.

Impresso no Brasil • Printed in Brazil

Editora Livraria da Física
Fone: (11) 3815-8688 / Loja (IFUSP)
Fone: (11) 3936-3413 / Editora
www.livrariadafisica.com.br
www.lfeditorial.com.br

Osvaldo Coggiola (Org.)

Daniel Gaido
Francesco Schettino
José Alexandre A. Hage
José Menezes Gomes

GUERRA DA UCRÂNIA
E CRISE MUNDIAL

ÍNDICE

I
Ucrânia-Rússia: Uma história
mais que conturbada *(Osvaldo Coggiola)* 04

II
Uma visão alternativa
do conflito Ucraniano *(Daniel Gaido)* 32

III
O lado oculto da guerra
da Ucrânia *(José Menezes Gomes)* 52

IV
As raízes monetárias do
conflito na Ucrânia *(Francesco Schettino)* 78

V
Guerra Rússia-Ucrânia:
Uma Lei Da Geopolítica? *(José Alexandre Altahyde Hage)* 98

NOTA DO ORGANIZADOR

Os textos aquí reunidos não possuem homogeneidade política na sua apreciação da chamada "Guerra da Ucrânia", nem sequer analisam este conflito, seus antecedentes e possíveis consequências, sob o mesmo ângulo metodológico. Sua variedade, porém, pode, exatamente por essa qualidade, enriquecer o debate a respeito. Um debate imprescindível, no Brasil e no mundo todo, pois nele está implicado o próprio futuro da humanidade. A academia e a esquerda brasileiras, porém, se mantiveram, em geral, alheias a essa discussão, com raras exceções. Considerando mais do que necessário que essa discussão se desenvolva, convencido da qualidade multiforme dos textos, e querendo realizar, através desta pequena coletânea, uma contribuição honesta àquela, é que os damos a conhecer conjuntamente. Boa leitura.

OC

I

UCRÂNIA-RÚSSIA:
UMA HISTÓRIA MAIS QUE CONTURBADA

*Osvaldo Coggiola**

* Professor Titular de História Contemporânea no Departamento de História (FFLCH) da Universidade de São Paulo (USP).

É Ucrânia uma "invenção bolchevique" (ou "de Lênin") como afirmou Putin, quando anunciou sua intenção de intervir militarmente nesse país? Não foi a Ucrânia, desde sempre, mais do que uma região ou território da Rússia, o que significaria que a atual guerra seria uma guerra civil russa? No meio da guerra, o Papa Francisco elogiou os imperadores russos do século XVIII, que o presidente Vladimir Putin invocou como modelos para as suas anexações territoriais na Ucrânia, provocando uma onda internacional de protestos.[1] A questão russo-ucraniana remonta, porém, a séculos anteriores aos símbolos do moderno (e cristão) absolutismo russo, evocados por Bergoglio. Ucrânia é o segundo maior país em área da Europa depois da Rússia, com a qual faz fronteira a Leste e Nordeste. Também faz fronteira com a Bielorrússia ao Norte; Polônia, Eslováquia e Hungria a Oeste; Romênia e Moldávia ao Sul; e tem litoral marítimo ao longo do Mar de Azov e do Mar Negro. Abrange uma área de mais de 600 mil km², com 41,5 milhões de habitantes (imediatamente antes da guerra). Historicamente, contrariando Putin, poderia se dizer que foi a Rússia a que emanou da primitiva Ucrânia, não o contrário. O primeiro Estado eslavo (ou "russo") na região foi o *Rus'* de Kiev:[2] ele esteve a partir do século X na órbita de Bizâncio, com seu cristianismo "místico" (chamado de ortodoxo) e sua liturgia em língua grega, diferenciado do cristianismo "neoplatônico" e latino de Roma. Pouco tempo depois foi introduzido o primeiro código de leis da região, o *Russkaya Pravda*.

O cristianismo bizantino virou a religião dos três povos que tiveram origem a partir do reino de Kiev: os ucranianos, os russos e os bielorrussos. Em 1240 a cidade

---

[1] Francisco disse, dirigindo-se a jovens russos: "Nunca esqueçam a sua herança. São os filhos da grande Rússia: a grande Rússia dos santos, dos reis, da grande Rússia de Pedro I, de Catarina II, esse grande império culto, de grande cultura e de grande humanidade. Nunca renunciem a esse legado. Vocês são herdeiros da grande Mãe Rússia, sigam em frente. E obrigado, obrigado pelo seu jeito de ser, pelo seu jeito de ser russos".

[2] O termo "Rus'", que deu origem a "Rússia", deriva provavelmente da palavra finlandesa ruotsi e da estoniana rootsi, que derivam por sua vez de rodr, remadores: rus era a forma de os vikings se autodenominarem quando viviam fora de sua terra natal.

CAPÍTULO I

de Kiev foi arrasada pela invasão dos mongóis: a maioria de sua população teve de fugir para o Norte. Os mongóis anexaram a região do rio Volga a seus domínios, o que precipitou a fragmentação da Rússia; a área conquistada tornou-se parte integrante da "Horda de Ouro", como era chamada a porção Noroeste do Império mongol. Ela foi dividida em vários principados, alguns deles autônomos. Os invasores construíram uma capital, Sarai, no baixo Volga, próxima ao Mar Cáspio, onde reinava o comandante supremo da Horda de Ouro, que dominou a maior parte da Rússia por três séculos. Os mongóis faziam incursões punitivas contra os principados cristãos remanescentes; o principado de Kiev nunca se recuperou como centro estatal de sua derrota para os mongóis. Na região correspondente ao atual território da Ucrânia, sucederam à Rússia de Kiev os principados de Galícia e de Volínia, posteriormente fundidos no Estado de Galícia-Volínia. A meados do século XIV, o Estado foi conquistado por Casimiro IV da Polônia, enquanto o cerne da antiga Rússia de Kiev - inclusive a cidade de Kiev - passou ao controle do Grão-Ducado da Lituânia. O casamento do Grão-Duque da Lituânia com a Rainha da Polônia pôs sob controle dos soberanos lituanos a maior parte do território ucraniano. Nessa época, a parte sul da Ucrânia (incluindo a Crimeia) era regida pelo Canato da Crimeia, enquanto as terras a oeste dos Cárpatos eram dominadas pelos magiares desde o século XI. No século XV, o povo ucraniano se distinguiu dos outros povos eslavos orientais por ser o que habitava a região de fronteira com os poloneses.

A partir da segunda metade do século XVI e, sobretudo, na primeira metade do século seguinte, houve nas regiões ocidentais da antiga Rússia revoltas camponesas sistemáticas contra os proprietários e funcionários administrativos polacos, que dominavam Moscou. Um papel importante na luta contra os nobres na Ucrânia foi desempenhado pelos cossacos oriundos da região em volta do Dnieper. A comunidade camponesa era constituída por ucranianos e bielorrussos que fugiam da opressão dos senhores, dos *dvoryane* e seus funcionários. Por volta de 1640-1650 rebentou por toda a Ucrânia e Bielorrússia uma revolta popular em larga escala. Os camponeses, chefiados por Bogdan Khmelnitsky, tiveram o apoio dos cossacos e dos habitantes pobres das cidades; a guerra começou na primavera de 1648. Os camponeses começaram a ajustar contas com os nobres polacos e com os proprietários ucranianos locais: em breve a revolta se espalhou por toda Ucrânia e Bielorrússia. Depois de algum tempo, o Estado russo apoiou a luta camponesa ucraniana contra os suseranos polacos. Destacamentos de cossacos do Don e habitantes das cidades tomaram parte nela. O governo russo ajudou os ucranianos enviando-lhes víveres e armas. Khmelnitsky voltou-se para o Czar Aleixo pedindo-lhe que fizesse da Ucrânia uma parte do Estado Russo. A *Rada* de Pereyaslav de 1654 decretou que a Ucrânia e a Rússia se unissem em um só Estado, fato de grande importância na história ulterior.[3]

---

3 Paul Robert Magocsi. A History of Ukraine. Toronto, University of Toronto Press, 1996.

No final do século XVIII, entre 1793 e 1795, ficou definida a partilha da Polônia entre a Prússia, a Áustria e a Rússia, que ficou com os territórios situados à Leste do rio Dniepre, enquanto a Áustria ficou com a Ucrânia Ocidental (com o nome de província da Galícia). Em 1796, a Rússia passou a dominar também territórios a Oeste do Dniepre, a "Nova Rússia". Os ucranianos tiveram um papel importante no Império Russo, participando das guerras contra as monarquias europeias orientais e o Império Otomano, assim como ascendendo aos mais altos postos da administração imperial e eclesiástica russa. Posteriormente, o regime czarista passou a executar uma dura política de "russificação", proibindo o uso da língua ucraniana nas publicações e publicamente. No século XIX, o "pan-eslavismo" se desenvolveu em toda a Rússia como ideologia de uma "modernização conservadora", favorecida pelo czarismo em suas relações com o Ocidente: a meados do século XIX, na Rússia, que possuía o maior índice absoluto de produção de Europa, França assumiu a liderança do investimento externo no país. Rússia representava mais de 25% de seus investimentos externos no período compreendido entre 1870 e 1914, contra pouco mais de 3% para a Grã-Bretanha e pouco menos de 8% para a Alemanha. A autocracia czarista, economicamente dependente, no entanto, não renunciou à sua política imperialista.

O expansionismo russo foi um dos fatores que provocaram a Guerra da Crimeia, que se estendeu de 1853 a 1856 na península desse nome (no mar Negro, ao sul da Ucrânia), no sul da Rússia e nos Bálcãs. A guerra implicou de um lado o Império Russo e, do outro, uma coligação integrada pelo Reino Unido, a França, o Reino da Sardenha - formando a Aliança Anglo-Franco-Sarda - e o Império Otomano. A coalizão, que contou ainda com o apoio do Império austríaco, foi criada em reação contra as pretensões expansionistas russas. Desde o fim do século XVIII, os russos tentavam aumentar sua influência nos Bálcãs. Em 1853, além disso, o Czar Nicolau I invocou o direito de proteger os lugares santos dos cristãos em Jerusalém, que eram parte do Império Otomano. Sob esse pretexto, suas tropas invadiram os principados otomanos do Danúbio (Moldávia e Valáquia, na atual Romênia). O Sultão da Turquia, contando com o apoio do Reino Unido e da França, rejeitou as pretensões do Czar, declarando guerra à Rússia. A frota russa destruiu a frota turca na Batalha de Sinop, provocando uma comoção política internacional. O Reino Unido, sob o governo da rainha Vitória, temia que uma possível queda de Constantinopla para as tropas russas pudesse lhe retirar o controle estratégico dos estreitos de Bósforo e de Dardanelos, tirando-lhe as comunicações com a Índia. Por outro lado, Napoleão III da França mostrava-se ansioso para mostrar que era o legítimo sucessor de seu tio, buscando obter vitórias militares externas. Depois da derrota naval dos turcos, as duas nações, França e Inglaterra, declararam guerra à Rússia, seguidos pelo Reino da Sardenha. Em troca, o auxiliado Império Otomano permitiria a entrada de capitais ocidentais. O conflito iniciou-se em março de 1854. Em agosto, Turquia, com o auxílio de seus aliados ocidentais, expulsou os russos dos Bálcãs. As frotas dos aliados convergiram sobre a penín-

CAPÍTULO I

sula da Crimeia, desembarcando suas tropas a 16 de setembro de 1854, iniciando o bloqueio naval e o cerco terrestre à cidade portuária fortificada de Sebastopol, sede da frota russa no mar Negro.

Embora a Rússia fosse vencida em diversas batalhas, o conflito arrastou-se com a recusa russa em aceitar os termos de paz. A guerra terminou com a assinatura do tratado de Paris em março de 1856. Pelos seus termos, o novo Czar, Alexandre II da Rússia, devolvia o sul da Bessarábia e a embocadura do rio Danúbio para o Império Otomano e para a Moldávia, renunciava a qualquer pretensão sobre os Bálcãs e ficava proibido de manter bases ou forças navais no mar Negro. Por outro lado, o Império Otomano era admitido na comunidade das potências europeias, tendo o sultão se comprometido a tratar seus súditos cristãos de acordo com as leis europeias. A Valáquia e a Sérvia passaram a estar sob a "proteção" franco-inglesa. Isso fortaleceu as ambições inglesas sobre o Oriente Próximo. A indústria militar e o numeroso exército russo não haviam impedido que a Rússia fosse derrotada pelos corpos expedicionários franco-britânicos, que a impediram de atingir Constantinopla e de ter acesso ao Mediterrâneo, às "águas quentes", motivo principal de seu expansionismo, que se apresentava com uma ideologia de reconquista cristã dos lugares santos.[4] A guerra da Crimeia evidenciou o descompasso russo com a civilização ocidental: o Czar Alexandre II pôde avaliar as debilidades de seu império e compreender que a mera inércia era incapaz de proporcionar as vitórias com as que sonhava. O primeiro grande fracasso do expansionismo russo teve fortes repercussões internas. O czarismo, impressionado pela eficiência militar ocidental, passou a importar técnicos e especialistas estrangeiros na arte militar, até começar a formá-los localmente no século XIX, assim como também importou quadros para a crescente burocracia estatal. Os recursos materiais para isso eram extraídos do próprio país, o que significava a imposição de impostos enormes às classes burguesas em vias de formação, e principalmente aos camponeses e pequenos comerciantes, que se viam forçados a escolher entre a fome e a fuga.

O antissemitismo de Estado, um dos instrumentos de dominação do absolutismo russo, teve na Ucrânia um teatro principal, ao longo do século XIX e inícios do século XX. Em abril de 1903 ocorreu, na porção ucraniana da "zona de residência judia" na Bessarábia, o maior pogrom antissemita já visto até aquela data. Os bairros judeus de Kisinev foram destruídos, as casas, devastadas, centenas de judeus foram feridos e mortos. O *"pogrom* de Kisinev" chocou o mundo todo e naturalizou o termo russo, *pogrom*, massacre, para todos os idiomas. O massacre foi incitado por agentes policiais czaristas e pelas Centúrias Negras; a massa dos pogromistas eram trabalhadores, como também o eram os judeus que perseguiram. A Rússia de 1904, maior império em terras contínuas do mundo, tinha nessa altura mais de 145 milhões de habitantes, e estendia-se desde a Polônia ao Estreito de Behring,

---

4 Orlando Figes. *Crimea*. The last Crusade. Londres, Penguin Books, 2011.

incluindo a Finlândia, os países bálticos, a Ucrânia, Bielorrússia, Moldávia e vários outros países orientais. Ao atraso econômico e à opressão da população camponesa (os *mujiks*), a autocracia czarista acrescentava o jugo sobre as populações alógenas submetidas pela expansão russa, que faziam parte do Império, tendo algumas delas, no entanto, conhecido no passado um desenvolvimento estatal autônomo. Em seu apogeu, o Império Russo incluía, além do território etnicamente russo, os países bálticos (Lituânia, Letônia e Estônia), a Finlândia, o Cáucaso, a Ucrânia, a Bielorrússia, boa parte da Polônia (o antigo Reino da Polônia), a Moldávia (Bessarábia) e quase toda a Ásia Central. Também contava com zonas de influência no Irã, na Mongólia e no Norte da China. O Império estava dividido em 81 províncias (*guberniyas*) e 20 regiões (*oblasts*).

O movimento operário do Império czarista se desenvolveu vigorosamente nas últimas décadas do século XIX e inícios do século XX, sob hegemonia dos socialdemocratas (vinculados à Internacional Socialista, fundada em 1889). A concorrência mais importante dos socialistas no movimento operário "russo" era a representada pelos anarquistas, que criticavam todas as maneiras de se fazer "política". O anarquismo europeu estaba circunscrito a algumas regiões da Itália, França e Portugal, na Ucrânia (o que teria importância na guerra civil posterior à Revolução de Outubro de 1917) e, em menor escala, em outras áreas da Rússia czarista. O capitalismo russo, entretanto, progredia, ao sabor de fortes investimentos externos: a construção da ferrovia transiberiana e as mudanças econômicas levadas adiante pelo ministro Sergei Witte atraíram o capital estrangeiro e estimularam uma rápida industrialização nas regiões de Moscou, São Petersburgo, Baku, bem como na Ucrânia, suscitando a formação de um operariado urbano e o crescimento da classe média. A nobreza mais abastada e o próprio Czar procuravam manter intactos o absolutismo russo e sua autocracia.

Nos prolegómenos do primeiro conflito mundial, uma das questões estratégicas era que a Rússia não poderia manter o controle sobre a parte Oeste industrializada do seu império – Polônia, Ucrânia, os estados do Báltico e a Finlândia – se a Áustria humilhasse seu aliado sérvio; a Rússia dependia dessas províncias para o grosso dos impostos que seu governo absolutista arrecadava. Quando explodiu, em fevereiro de 1917, no meio de catástrofes e derrotas bélicas do exército russo, a revolução contra a autocracia czarista, em Ucrânia, um movimento nacionalista rudimentar (basicamente reduzido à intelectualidade) proclamou em junho de 1917 uma república autônoma sob a autoridade da *Rada*, uma Assembleia Nacional. Em outubro do mesmo ano, como é sabido, uma nova revolução proclamou o "governo soviético", emanado dos *sovietes* (conselhos de operários, soldados e camponeses). Depois da Revolução de Outubro, que levou os bolcheviques ao poder político e retirou a Rússia da guerra mundial, os países beligerantes que haviam sido aliados da Rússia sustentaram o governo da Rada ucraniana, hostil ao bolchevismo, sendo o país dividido com a proclamação de um governo soviético

CAPÍTULO I

ucraniano (com Rakovsky e Piatakov) e com a passagem da Rada (com Petliura)5 para a órbita alemã. A revolução soviética concedeu o pleno direito de independência às nacionalidades alógenas do velho Império czarista.

A Geórgia dominada pelo menchevismo (fração moderada da socialdemocracia russa) escapou da sorte da Armênia e do Azerbaijão, esmagadas pelo Império Otomano logo após a independência, aliando-se em maio de 1918 à Alemanha. A resolução soviética da questão nacional provocou o protesto de Rosa Luxemburgo, dirigente socialista alemã: "Enquanto Lênin e seus companheiros esperavam manifestamente, como defensores da liberdade das nações 'até à separação enquanto Estado', fazer da Finlândia, da Ucrânia, da Polônia, da Lituânia, dos países bálticos, das populações do Cáucaso, aliados fiéis da Revolução Russa, nós assistimos ao espetáculo inverso: uma após outra, essas 'nações' utilizaram a liberdade recentemente oferecida para se aliarem, como inimigas mortais da Revolução Russa, ao imperialismo alemão e para levarem, sob sua proteção, a bandeira da contrarrevolução para a própria Rússia", criticou Rosa Luxemburgo, para quem "o ilustre 'direito das nações à autodeterminação' não passa de oca fraseologia pequeno-burguesa, de disparate...".

O texto citado não estava destinado à publicação, daí provavelmente a desenvoltura com que sua autora qualificou o nacionalismo ucraniano "(que) na Rússia era completamente diferente do tcheco, do polonês ou do finlandês, nada mais que um simples capricho, uma frivolidade de algumas dúzias de intelectuais pequeno-burgueses, sem raízes na situação econômica, política ou intelectual do país, sem qualquer tradição histórica, pois a Ucrânia nunca constituiu um Estado ou uma nação, não tinha nenhuma cultura nacional, exceto os poemas romântico-reacionários de Chevtchenko".6 Nem precisa dizer que os ucranianos da época, nem os de hoje, ficariam contentes em ler essas palavras. Para o bolchevismo tratava-se de fazer do movimento nacional, não um fim em si mesmo, mas um elo com a luta socialista da classe operária: a política posta em prática pelo governo soviético (a independência das nacionalidades oprimidas pelo Império Russo) não era, porém, mero recurso tático circunstancial (nocivo, segundo Rosa Luxemburgo, aos interesses da revolução social) mas baseada em razões estratégicas e de princípio. Em função dele, a Rússia soviética abriu mão do controle sobre a Finlândia, os países bálticos (Estônia, Letônia e Lituânia),

---

5 Symon Vasylyovych Petliura (1879-1926) foi um político ucraniano, líder nacionalista. Em 1905 foi co-fundador do Partido Ucraniano do Trabalho, mas foi colaboracionista com as tropas alemãs durante a Primeira Guerra Mundial. Conhecido como "Hetman Supremo", conduzia grupos armados, maioritariamente compostos por pequenos comerciantes e criminosos, responsáveis por pogroms contra judeus, massacres contra trabalhadores e populações, além de violentamente hostil aos bolcheviques durante a guerra civil russa de 1918-1921. Derrotado e exilado, foi assassinado em 1926 em Paris.

6 Rosa Luxemburgo. *A Revolução Russa*. Petrópolis, Vozes, 1991.

Polônia, Bielorrússia e Ucrânia, bem como dos distritos turcos de Ardaham e Kars, e do distrito georgiano de Batum. A Rússia imperial havia sido uma aglomeração de nações que assumiu, historicamente, a forma de um Estado absolutista sob a pressão de outras potências. A revolução bolchevique tentou superar essas contradições mediante a criação da URSS, como livre associação de nações, e impulsionando a revolução internacional. Com exceção da Finlândia, da Polônia e dos três países bálticos, os povos do império czarista decidiram ficar com o novo Estado fundado com base na revolução de outubro de 1917.

O Tratado de Brest-Litovsk, assinado entre o governo soviético e as Potências Centrais (Império Alemão, Império Austro-Húngaro, Bulgária e Império Otomano) em 3 de março de 1918, possibilitou a saída imediata da Rússia do primeiro conflito mundial. O governo bolchevique também anulou todos os acordos do Império Russo com seus aliados da Primeira Guerra Mundial. Os termos do Tratado de Brest-Litovsk eram humilhantes para a Rússia soviética. Lênin, defendendo sua assinatura, chamou o tratado de "paz vergonhosa". Os territórios concedidos aos alemães continham um terço da população da Rússia e 50% de sua indústria. A maior parte desses territórios se tornou, na prática, em partes do Império Alemão. O IV Congresso dos Soviets de Toda a Rússia examinou o Tratado, que era combatido pelos SRs ("esseristas") de esquerda e pela fração dos "comunistas de esquerda" do bolchevismo, chefiada por Bukhárin e Kalinin, defensores de uma guerra revolucionária contra a Alemanha que se combinaria, segundo esperavam, com a revolução proletária no Ocidente. Os defensores desta política foram derrotados na convenção da fração bolchevique do congresso soviético.

Entretanto, após a revolução alemã iniciada em 9 de novembro de 1918, que derrubou o regime monárquico desse país, o Comitê Executivo Central dos Soviets declarou anulado o Tratado. Paralelamente, a derrota da Alemanha na guerra, marcada pelo armistício firmado com os países aliados, em 11 de novembro de 1918, permitiu que Finlândia, Estônia, Letônia, Lituânia e Polônia se tornassem Estados independentes. Por outro lado, a Bielorrússia e a Ucrânia envolveram-se na guerra civil russa e terminaram por ser novamente anexadas, ocupação mediante, ao território soviético. Devido à guerra civil, em finais de 1918 a Rússia soviética encontrava-se rodeada de protetorados de fato governados por líderes locais aliados da Alemanha: a Ucrânia, com Skoropadsky, a Finlândia, com Mannerheim, o Don, com Krasnov; os japoneses ocuparam a fronteira da Manchúria chinesa. Na guerra civil, os grupos "brancos" contrarrevolucionários eram chefiados por generais czaristas e apoiados pelos "republicanos liberais" (os "cadetes"); o Exército Vermelho era dirigido pelo governo bolchevique; havia também milícias anarquistas (o "Exército Insurgente Makhnovista", também conhecido como "Exército Negro") na Ucrânia, aliado ou adversário do Exército Vermelho segundo as circunstâncias; os "Exércitos Verdes" camponeses e as

CAPÍTULO I

tropas estrangeiras de intervenção, enviadas pela França, Reino Unido, Japão, Estados Unidos e mais dez países.[7]

Aproveitando-se do confronto bélico e político, as nações aliadas beligerantes da Primeira Guerra Mundial resolveram intervir na guerra civil russa em favor do Exército Branco, que estava dividido. Tropas inglesas, holandesas, americanas e japonesas desembarcaram tanto nas regiões ocidentais (Crimeia e Geórgia) como nas orientais (com a ocupação de Vladivostok e da Sibéria Oriental). Seus objetivos eram derrubar o governo bolchevique e instaurar um regime favorável à continuação da Rússia na guerra, com suas alianças precedentes; seu objetivo maior, porém, era evitar a propagação do comunismo na Europa. Em 1919, já finda a guerra, os brancos, dirigidos por Kolchak, ameaçaram o próprio centro do poder soviético, com Kolchak nos Urais, Denikin no Sul, Iudenitch indo da Estônia para a capital. Entre os brancos e os vermelhos, os governos locais passavam de um campo para outro: negociavam na Ásia central com os ingleses, dividiram a Ucrânia entre os partidários do nacionalista Petliura e os do líder anarquista ucraniano Makhno, enquanto a população, aterrorizada pelas mudanças e batalhas violentas (Kiev foi tomada e retomada 16 vezes pelos diversos campos beligerantes) se escondia na floresta. Kolchak, líder militar "branco", não ocultava sua vontade de reconstituir o velho Império Russo.

Houve consenso entre os bolcheviques em que o principal erro do Exército Vermelho durante a guerra civil foi a ofensiva sobre Varsóvia, em 1920, na expectativa de que o proletariado polonês se levantasse com a chegada dos "vermelhos". Nada disso aconteceu, e a Rússia soviética teve que suportar a contraofensiva militar polonesa comandada pelo regime nacionalista e anti-bolchevique de Pilsudski, que chegou a tomar Kiev e parte da Ucrânia para estender as fronteiras étnicas da Polônia. Apesar disso, a falta de união, coordenação e estratégia comuns entre os diversos líderes "brancos", foram as principais causas da derrota da reação russa anti-bolchevique, que chegou a contar com forte apoio externo (principalmente da França, Grã-Bretanha e Japão) durante o primeiro ano do conflito. Com o fim do apoio aliado, o Exército Vermelho foi capaz de infligir derrotas ao Exército Branco e as restantes forças antissoviéticas levando ao colapso à contrarrevolução interna. Durante a intervenção externa, a presença de tropas estrangeiras foi usada eficazmente como meio para propaganda patriótica pelos bolcheviques, conquistando inclusive o apoio de parcelas do antigo oficialato imperial; alguns antigos oficiais imperiais, como Tukhachevski, fizeram brilhante carreira no novo exército revolucionário. A crise internacional somada ao apoio majoritário da população camponesa mais pobre determinou a vitória "vermelha" na guerra civil. Houve, inclusive, motins nas tropas intervencionistas externas, a exemplo dos marujos da frota francesa no Mar Negro, realizados por tropas exaustas e contrárias à continuação do conflito mundial.

---

7 Jean-Jacques Marie. *Histoire de la Guerre Civile Russe 1917-1922*. Paris, Tallandier, 2015.

Quem era Rakovsky, principal dirigente bolchevique relacionado com Ucrânia? Christian Rakovsky (Krystiu Gheorgiev Stanchev, 1873-1941), revolucionário romeno-búlgaro, era médico, de origem abastada. Desde 1890, militou em organizações políticas da Internacional Socialista, na Romênia, Bulgária, Suíça, França e Alemanha, tendo chegado a ser o principal dirigente do Partido Social Democrata da Romênia. Em 1914, qualificou a Primeira Guerra Mundial de imperialista, e desde setembro de 1915 fez parte da "Esquerda de Zimmerwald", com Lênin, Trotsky e Rosa Luxemburgo. Encarcerado pelo governo romeno, em agosto de 1916, por seu ativismo contra a guerra, foi libertado por soldados russos em 1º de maio de 1917. Transferindo-se para a Rússia, passou a ser perseguido pelo governo provisório da Revolução de Fevereiro, por opor-se à guerra. Ajudado pelos bolcheviques, conseguiu sair do país, chegando à Suécia, de onde regressou com a Revolução de Outubro. Foi presidente do soviete da Ucrânia (1918) e líder dessa república até 1923, quando foi nomeado embaixador da URSS no Reino Unido, e depois na França (1925). Foi o inspirador-redator do Tratado de Rapallo (entre Alemanha e a URSS, proclamada em 1922). Sua carreira política, que teve um trágico final, não concluiu ai.8

Nem concluiu, com a guerra mundial e a guerra civil, o "drama ucraniano" da revolução bolchevique. O fato marcante do conflito bélico na Ucrânia foi a atuação nela, relativamente independente dos bandos em disputa, do "exército makhnovista", chefiado por anarquistas. O movimento anarquista ucraniano iniciou-se no vilarejo de Gulai-Pole, sob a liderança de Nestor Makhno (1888-1934), e se alastrou pelas regiões vizinhas de Aleksandrovsk até alcançar Kiev. Durante a revolução russa, Makhno fora eleito presidente do soviete de Gulai-Pole, berço natal de Makhno, em agosto de 1917, e organizou uma pequena milícia para expropriar os latifúndios e dividi-los entre os camponeses mais pobres. Após o Tratado de Brest-Litovsk, que cedeu Ucrânia ao Império Austro-Húngaro, uma milícia "makhnovista" se formou e executou com sucesso ações de guerrilha contra o exército invasor. Com o armistício de novembro de 1918, as tropas estrangeiras se retiraram. A milícia makhnovista se voltou nesse momento contra o líder naciona-

---

8 Politicamente próximo de Leon Trotsky, Rakovsky foi um dos primeiros dirigentes da Oposição de Esquerda no PCUS, sendo deportado para a Ásia Central, em 1928, onde sofreu graves doenças, sem cuidados médicos. Em 1930, juntamente com Vladimir Kossior, Nikolai Muralov e Varia Kasparova, escreveu uma carta ao Comitê Central do Partido Comunista da URSS: "Diante de nossos olhos, se formou uma grande classe de governantes que tem seus próprios interesses internos e que cresce mediante uma cooptação bem calculada, através de promoções burocráticas e de um sistema eleitoral fictício. O elemento aglutinador dessa classe original é uma forma singular de propriedade privada: o poder estatal". Depois de perseguições e prisões, em 1934 Rakovsky "capitulou" perante o regime stalinista, o que lhe permitiu um breve período de liberdade, durante o qual ocupou postos de segundo escalão no governo, no Comissariado do Povo da Saúde. Detido novamente em 1937, em 1938 se tornou um dos principais acusados no "Processo dos 21", sendo condenado a 20 anos de cárcere. Em setembro de 1941, durante a Segunda Guerra Mundial, Rakovsky foi fuzilado. Foi reabilitado na URSS em 1988, durante o governo de Mikhail Gorbachev (Cf. Pierre Broué. *Rakovsky*. La révolution dans tous les pays. Paris, Fayard, 1996).

lista ucraniano Petliura, reacionário e aliado dos alemães. Em seguida, Petliura foi derrotado pelo Exército Vermelho; durante o embate entre "vermelhos" e nacionalistas, Gulai-Pole ficou sob o domínio dos makhnovistas. Makhno aproveitou a temporária calmaria para convocar congressos de camponeses com a finalidade de implantar um "comunismo libertário": suas discussões se voltaram principalmente para a defesa da região contra os outros exércitos.

O poder local permaneceu com o grupo de Makhno, que se esforçou para criar uma economia de trocas livres entre o campo (Gulai-Pole, Aleksandrovsk) e a cidade (Kiev, Moscou, Petrogrado). A relativa calmaria terminou em 15 de junho de 1919, quando, após atritos menores entre o exército makhnovista e grupos armados "vermelhos", o IV Congresso Regional de Gulai-Pole convidou os soldados da base do Exército Vermelho a enviar seus representantes. Isso era um desafio direto ao comando do Exército Vermelho. Em 4 de julho um decreto do governo soviético proibiu o congresso e tornou o movimento makhnovista ilegal: suas tropas atacaram Gulai-Pole e dissolveram as "comunas anarquistas". Poucos dias depois as forças brancas de Denikin chegaram à região, obrigando ambas facções a se aliarem novamente. Durante os meses de agosto e setembro, Denikin avançou a passo firme em direção a Moscou, enquanto makhnovistas e comunistas eram obrigados a retroceder, chegando a recuar até as fronteiras ocidentais da Ucrânia. Em setembro de 1919, Makhno, cujas tropas somavam vinte mil soldados, surpreendeu Denikin lançando um ataque vitorioso à aldeia de Peregonovka, cortando as linhas de abastecimento do general branco e semeando pânico e desordem na sua retaguarda; ao final do ano o Exército Vermelho forçou Denikin a recuar até as margens do Mar Negro.

O clímax da "revolução ucraniana" aconteceu nos meses que se seguiram a essa vitória. Durante os meses de outubro e novembro, Makhno esteve no poder nas cidades de Ekaterinoslav e Aleksandrovsk, sua oportunidade de aplicar a concepção anarquista em ambiente urbano. O primeiro ato de Makhno após entrar nessas cidades (depois de esvaziar as prisões) foi anunciar aos cidadãos que a partir de este momento eram livres para organizarem suas vidas conforme preferissem, sem reconhecer qualquer autoridade. Se proclamou a liberdade de imprensa, palavra e reunião; em Ekaterinoslav surgiram imediatamente meia dúzia de jornais que representavam uma ampla gama de tendências políticas. Makhno, porém, dissolveu os "comitês revolucionários" bolcheviques, aconselhando seus membros a se dedicarem a "algum trabalho honesto".[9] Para os camponeses "novos proprietários" da Ucrânia, a política de total liberdade de comércio era a realização de suas aspirações. O conflito com a centralização econômico-militar defendida pelo governo bolchevique foi inevitável e cresceu. Os makhnovistas adotavam o princípio da eleição direta dos comandos militares, que os bolcheviques já tinham rejeitado. Na sua propaganda e proclamações, os anarquistas agrários (os anar-

---

9 Paul Avrich. *Les Anarchistes Russes*. Paris, François Maspéro, 1979.

quistas das grandes cidades, em geral, não participaram do movimento) chegaram a equiparar os bolcheviques com as antigas classes dominantes.

A classe operária ucraniana não respondeu ao movimento makhnovista com o mesmo entusiasmo dos camponeses. Ao negar-se a abandonar sua independência em relação ao Exército Vermelho, o movimento makhnovista, qualificado pelo bolchevismo de variante do banditismo, foi novamente declarado ilegal em 1920 pelo governo soviético. O Exército Vermelho voltou a combatê-lo; durante os oito meses que se seguiram ambos os lados sofreram pesadas baixas. Em outubro de 1920, o barão Wrangel, sucessor de Denikin no comando dos brancos do Sul, lançou uma importante ofensiva, partindo da Crimeia rumo ao Norte. Novamente o Exército Vermelho solicitou a ajuda dos makhnovistas, e novamente a frágil aliança se refez: "Para os makhnovistas era apenas um acordo militar, em absoluto político, porque os bolcheviques continuavam sendo seus adversários. Para Moscou, o ponto de vista era outro: a partir do momento em que existia aliança militar havia automaticamente dependência política, reconhecimento oficial da autoridade do poder político soviético na Ucrânia. Essas duas interpretações contrapostas estavam na base de um conflito latente".[10]

Um conflito que levaria ao fim (não raro trágico) das tentativas de acordo entre ambos setores (chegaram a se realizar entrevistas entre Lênin e Makhno no Kremlin, durante visita deste a Moscou, onde se desiludiu com o "anarquismo urbano" russo, proclamatório e escassamente ativo) e os flertes, que incluíram Trotsky, chefe do Exéwrcito Vermelho, sobre a possibilidade de um acordo duradouro entre bolcheviques e anarquistas na Ucrânia, onde os bolcheviques eram escassos.[11] Um problema que esteve longe de concluir com a guerra civil: o poder soviético e o bolchevismo na Ucrânia se viram sistematicamente comprimidos, nos anos vindouros, entre o nacionalismo urbano e o "anarquismo camponês", amplamente majoritários, e o governo central bolchevique. O "poder soviético" ucraniano praticamente não compreendia ucranianos de nascimento ou de nacionalidade; foi inicialmente, como vimos, chefiado por um búlgaro, Christian Rakovsky. Os makhnovistas, em contrapartida, careciam de armamento bom e suficiente, que os bolcheviques lhes forneceram para lutar contra os "brancos".

Já com a guerra civil praticamente ganha pelos "vermelhos", a aliança anarco-bolchevique foi novamente desfeita, e se reiniciaram as hostilidades mútuas, muito violentas: "Maknho e seus companheiros fuzilavam apenas os chefes, soldados de

---

10 Alexandre Skirda. *Les Cosaques de la Liberté*. Nestor Makhno, le cosaque de l'Anarchie et la guerre civile russe 1917-1921. Paris, Jean-Claude Lattès, 1985.

11 Janus Radziejowski. *The Communist Party of Western Ukraine 1919-1929*. Edmonton, University of Alberta, 1983.

CAPÍTULO I

altíssima patente dos bolcheviques, libertando todos os soldados rasos",[12] o que, evidentemente, não era considerada uma atitude magnânima por parte da liderança do Exército Vermelho, potencial candidata à degola. Em 25 de novembro, líderes do exército makhnovista, reunidos na Crimeia por ocasião da vitória sobre Wrangel, foram presos e executados pela Tcheka. No dia seguinte, por ordem de Trotsky, Gulai-Pole foi atacada e ocupada pelo Exército Vermelho. Os enfrentamentos com os partidários da *makhnovitchina* se generalizaram, e a Tcheka (polícia política soviética) não vacilou em realizar fuzilamentos, sem qualquer tipo de processo, próprios de guerra civil.[13] Makhno conseguiu fugir e se exilar na França, onde continuou defendendo o anarquismo e, sobretudo, seu papel na revolução russa, antes de morrer pobre, ainda jovem e relativamente esquecido.

Qual foi a lógica política desse conflito? As tropas de Nestor Makhno, na Ucrânia, aliavam-se ao Exército Vermelho na luta contra os "brancos", mas mantinham um enfrentamento com a liderança do Exército Vermelho na questão do comando militar único para a guerra civil e contra a intervenção estrangeira, o que também aconteceu com unidades militares comandadas pelos SRs, os socialistas revolucionários. Segundo Leon Trotsky, "os camponeses haviam aprovado os 'bolchevistas', mas tornavam-se cada vez mais hostis aos 'comunistas'... (Makhno) bloqueava e pilhava os trens destinados às fábricas, às usinas e ao Exército Vermelho... Denominava tudo isto de luta anarquista contra o Estado. Em realidade, era a luta do pequeno proprietário contra a ditadura proletária. Eram convulsões da pequena burguesia camponesa que queria livrar-se do capital mas, ao mesmo tempo, não aceitava submeter-se à ditadura do proletariado".[14] A Rússia soviética concluiu a guerra civil economicamente esgotada: "No caso da agricultura, em 1921 as cabeças de gado eram menos de dois terços de total, as ovelhas 55%, os porcos 40% e os cavalos, 71% (se comparados a 1913), enquanto a área agricultável fora cortada pela metade, o que levou a uma diminuição da colheita de culturas diversas. Isso para não falar de uma seca na região do baixo Volga (assim como nas planícies dos Urais, Cáucaso, Crimeia e partes da Ucrânia), entre 1920 e 1921, que eliminou cinco milhões de pessoas; movimentos migratórios intensos, com várias cidades perdendo boa quantidade de mão de obra qualificada, também foi outro fenômeno daquele momento; só Petrogrado, o maior centro industrial, perdera 60% de sua população".[15]

---

12 Nicolau Bruno de Almeida. Makhno, um cossaco libertário. *Mouro* nº 12, São Paulo, janeiro de 2018.

13 Pedro (Piotr) Archinov. *Historia del Movimiento Maknovista (1918-1921)*. Buenos Aires, Argonauta, 1926.

14 Leon Trotsky. Muito barulho acerca de Kronstadt. In: Gérard Bloch. *Marxismo e Anarquismo*, São Paulo, Kairós, 1981.

15 Luiz Bernardo Pericás. *Planificação e Socialismo na Rússia Soviética: os Primeiros Dez Anos*. Texto apresentado no Simpósio Internacional "Cem Anos que Abalaram o Mundo", Departamento de História (FFLCH), Universidade de São Paulo, 2017.

Em 1921, a situação econômica e as condições de vida da população eram mais que preocupantes.

A indústria soviética representava apenas 20% da produção de 1914. A produção de ferro, 1,6% e a de aço, 2,4%. Os setores do carvão e do petróleo, menos afetados pela guerra, alcançavam 27 e 41% respectivamente. 60% das locomotivas e 63% das vias férreas estavam inutilizadas. A extensão da superfície cultivada havia retrocedido 16% e os intercâmbios entre o campo e a cidade se haviam reduzido ao mínimo. Os trabalhadores mais favorecidos recebiam entre 1.200 e 1.900 calorias diárias das 3.000 necessárias. O proletariado industrial se encontrava desfeito. Em 1919 havia três milhões de operários, um ano depois esse número havia caído pela metade, e em 1921 não passava de 1.250.000. As revoltas internas eram mais vencidas pela fome (que provocou três milhões de mortes no campo em 1920-1921) do que militarmente: entre 20 de março e 12 de abril de 1921, sete mil insurretos de Tambov, incluído um regimento inteiro, se renderam sem disparar um tiro diante de uma divisão de 57 mil homens do Exército Vermelho, chefiada pelo general Tukhachevski. A célebre revolta de Kronstadt, de 1921, segundo Karl Radek, "tinha sido o eco das sublevações camponesas da Ucrânia e de Tambov". Por isso, a NEP (Nova Política Econômica soviética, que incluiu medidas liberalizantes), adotada em 1921 pelo X Congresso do Partido Comunista (bolchevique), "coincidiu com a assinatura do acordo comercial anglo-russo e com o esmagamento da rebelião de Kronstadt (com os que) teve uma vinculação interna, estrutural".16 Nos anos sucessivos, a penúria interna e o isolamento externo determinaram a burocratização (na prática, anulação) do poder soviético, que se identificou com a ascensão política de Stalin e sua fração do Partido Comunista, o stalinismo, que a partir do final da década de 1920 impôs uma política de coletivização forçada do agro e industrialização a toque de caixa. A "coletivização forçada" do campo impulsionada por Stalin não foi, obviamente, voluntária, nem poderia sê-lo: a indústria era incapaz de fornecer as máquinas que convenceriam o camponês a aderir às explorações coletivas. Por isso, apesar de certo entusiasmo da parte dos camponeses pobres e da juventude operária com a coletivização agrária, não era possível falar em um "Outubro do campo".

A coletivização do campo iniciada em 1929 foi administrativa, burocrática e violenta: os camponeses ucranianos matavam o gado para não o entregar às autoridades soviéticas, as perdas foram enormes, houve aproximadamente dez milhões de deportados; a fome da Ucrânia, em 1932-1933, causou aproximadamente 4,5 milhões de mortes, além de três milhões de vítimas em outras regiões da URSS.17 A brutalidade da coletivização forçada do agro incluiu a "grande fome" na Ucrâ-

---

16 Karl Radek. *Las Vías y las Fuerzas Motrices de la Revolución Rusa*. Madri, Akal, 1976.

17 Fabio Bettanin. *A Coletivização da Terra na URSS*. Stalin e a "revolução do alto" (1929-1933). Rio de Janeiro, Civilização Brasileira, 1981.

CAPÍTULO I

nia e foi complementar à violência social do Plano Quinquenal da indústria contra os operários fabris. Na coletivização agrária, no total, foram deportadas cerca de 2,8 milhões de pessoas: 2,4 milhões, dos quais 300 mil ucranianos, no contexto da campanha de deskulakização (1930-1932) – combate aos *kulaki*, supostos camponeses abastados; 340 mil devido à repressão durante as requisições forçadas de cereais efetuadas pelos organismos estatais. Em muitos casos, as vítimas foram abandonadas em territórios distantes e inóspitos: aproximadamente 500 mil deportados, entre os quais muitas crianças, morreram devido ao frio, à fome e ao trabalho extenuante. O termo *Holodomor* foi aplicado especificamente aos fatos ocorridos nos territórios com população de etnia ucraniana.

A parte mais pesada da consolidação do regime stalinista foi paga pela Ucrânia, onde as requisições de cereal eram destinadas à exportação, que devia fornecer divisas necessárias para a importação do maquinário industrial, uma das bases para a industrialização acelerada do país. A Ucrânia foi inicialmente obrigada a contribuir com 42% da sua produção cerealífera. Em agosto de 1932, entrou em vigor a lei sobre o "roubo e dilapidação da propriedade social" ("lei das cinco espigas") que declarava punível esse delito com dez anos de campo de trabalho forçado, ou com a pena capital, em face das dificuldades para se atingir a tonelagem planificada pelo *Gosplan*. Em vários distritos ucranianos as autoridades soviéticas registraram casos de canibalismo e necrofagia na primavera de 1933. Ucrânia padeceu uma taxa de mortalidade superior às das outras repúblicas (a taxa de mortalidade por mil habitantes, em 1933, foi de 138,2 na Rússia e de 367,7 na Ucrânia), o que provocou um decréscimo de 20% a 25% da população de etnia ucraniana, tendo a natalidade decaído de uma média de 1.153.000 nascimentos (1926-1929) para 782.000, em 1932 e 470.000, em 1933, em toda a Rússia.

O processo era garantido pela atuação dos militares e da polícia política soviética na repressão dos opositores e da população espoliada: os que resistiam eram presos e deportados. Os camponeses ucranianos viam-se obrigados a lidar com os efeitos devastadores da coletivização sobre a produtividade agrícola e as exigências de quotas de produção ampliadas. Tendo em vista que os integrantes das fazendas coletivas não estavam autorizados a receber grãos até completaram as suas impossíveis quotas de produção, a fome tornou-se generalizada. Algumas fontes afirmam que 25% da população ucraniana morreu de fome: "Um levantamento demográfico atual sugeriu cerca de 2,5 milhões de mortes por inanição na Ucrânia soviética. Um número bem próximo do registrado oficialmente, de 2,4 milhões. Este último número parece baixo, muitas mortes não foram registradas. Outro cálculo, realizado para as autoridades da Ucrânia independente, fornece o número de 3,9 milhões. Parece razoável supor 3,3 milhões de falecimentos por inanição e doenças correlatas na Ucrânia soviética no período 1932-1933".[18] Apenas em dois anos...

---

18 Timothy Snyder. *Terras de Sangue*. A Europa entre Hitler e Stalin. Rio de Janeiro, Record, 2012.

Na mesma época, os líderes soviéticos acusaram a liderança política e cultural ucraniana de "desvios nacionalistas", quando as políticas de nacionalidade precedentes foram revertidas no início dos anos 1930. Duas ondas de expurgos (1929-1934 e 1936-1938) resultaram na eliminação da elite cultural da Ucrânia. A "limpeza" de opositores políticos chegou ao Partido e à Internacional Comunista: direções inteiras de diversos partidos comunistas foram executadas, afetando duramente o comunismo ucraniano. Relatou Leopold Trepper (futuro chefe da espionagem soviética no Ocidente durante a Segunda Guerra Mundial) que, quando aluno da Universidade para estrangeiros em Moscou, pereceram 90% dos militantes comunistas estrangeiros residentes na cidade. Stalin assinava listas de condenações que continham, às vezes, milhares de nomes. Foram "depurados" os partidos comunistas da Ucrânia e Bielorrússia e as Juventudes Comunistas (*Komsomol*). As cifras ucranianas afetaram e fizeram parte dos problemas demográficos da URSS como um todo. A "contabilidade criativa" foi usada pelos planejadores soviéticos para maquilagens demográficas: o número efetivo de mortes entre 1927 e 1940 foi, para toda a URSS, de estimadas 62 milhões, não os 40,7 milhões (21,3 milhões a menos) declarados; o crescimento total da população viu-se superestimado, em virtude disso, em 4,6 milhões para o período indicado.[19]

Os cálculos do historiador Stanislav Kulchytsky, com base em fontes dos arquivos soviéticos, indicam um número de entre 3 a 3,5 milhões de mortes na Ucrânia, no primeiro quinquênio dos anos 1930. Calcula-se que 1,3 a 1,5 milhões tenham morrido no Cazaquistão (exterminando entre 33% e 38% dos cazaques), além de centenas de milhares no Cáucaso do Norte e nas regiões dos rios Don e Volga, onde a área mais duramente atingida correspondia ao território da República Socialista Soviética Autónoma Alemã do Volga, totalizando entre cinco e seis milhões de vítimas da fome entre os anos de 1931 e 1933. Durante o expurgo de 1936/1937 quase 100% dos dirigentes políticos da Ucrânia foi substituído por pessoas desconhecidas da população local, quase nenhuma delas ucraniana. Como surpreender-se se, durante a Segunda Guerra Mundial, chegasse a existir uma importante guerrilha antinazista ucraniana de base nacionalista?

Em maio de 1940, no último texto publicado de Trotsky, exilado, *A Guerra Imperialista e a Revolução Proletária Mundial*, declaração da IV Internacional diante da eclosão da Segunda Guerra Mundial, lia-se:[20] "*A aliança de Stalin com Hitler, que levantou o pano de fundo sobre a guerra mundial, levou diretamente à escravização do povo polonês. Foi uma consequência da debilidade da URSS e do pânico do Kremlin frente à Alemanha. O único responsável por essa debilidade é o mesmo Kremlin, por sua política interna, que abriu um abismo entre a casta governante e o povo; por sua política exterior, que sacrificou os interesses*

---

19 Georges Sokoloff. *1933, l'Année Noire*. Témoignages sur la famine em Ukraine. Paris, Albin Michel, 2000.

20 *A IV Internacional e a Guerra*. Manifiesto de emergencia. Buenos Aires, Acción Obrera, 1940.

da revolução mundial aos da camarilha stalinista. A conquista da Polônia oriental, presente da aliança com Hitler e garantia contra Hitler, foi acompanhada da nacionalização da propriedade semifeudal e capitalista na Ucrânia Ocidental e na Rússia Branca Ocidental. Sem isto o Kremlin não poderia haver incorporado à URSS ao território ocupado. A Revolução de Outubro, estrangulada e profanada, deu mostras de estar viva ainda".

Houve um importante apoio inicial de setores da população ucraniana à invasão nazista de 1941, depois da ruptura do "Pacto Hitler Stalin" pela Alemanha nazista. No início da invasão, em junho de 1941, as tropas alemãs foram recebidas como libertadoras na Ucrânia, até os alemães começarem a queimar as aldeias, expulsar as mulheres e crianças e executar os homens.[21] Quando ficou claro que os planos de Hitler eram "naturalizar" (sic) a Rússia e a Ucrânia, transformá-las num vasto celeiro baseado no trabalho escravo, a mobilização patriótica russa foi imensa. Mas ela pouco teria conseguido sem "o transplante da indústria na segunda metade de 1941 e no começo de 1942, e a sua reconstrução no Leste (que) deve figurar entre as mais estupendas realizações de um trabalho organizado pela União Soviética durante a última guerra. O crescimento rápido da produção bélica e sua reorganização sobre novas bases, dependia da urgente transferência da indústria pesada das zonas ocidentais e centrais da Rússia europeia e da Ucrânia para a retaguarda longínqua, fora do alcance do exército alemão e da aviação".[22] Tal feito teria sido impossível num país onde existisse propriedade privada da grande indústria.

Em outubro de 1941, quando os objetivos operacionais das tropas nazistas na Ucrânia e na região do Báltico foram alcançados (apenas os cercos de Leningrado e Sebastopol ainda continuavam), a grande ofensiva alemã contra Moscou foi renovada. Após dois meses de intensos combates, o exército alemão quase atingiu os subúrbios da capital soviética, onde as tropas alemãs, esgotadas, foram forçadas a suspender sua ofensiva. Grandes territórios haviam sido conquistados pelas forças do Eixo, mas sua campanha não tinha atingido seus objetivos principais: duas cidades importantes permaneciam nas mãos da URSS, a capacidade de resistência dos soviéticos não tinha sido eliminada; a União Soviética mantinha uma parte considerável do seu potencial militar, embora pagando um preço humano enorme. As perdas totais civis durante a guerra e a ocupação alemã na Ucrânia são estimadas em entre cinco e oito milhões de pessoas, inclusive mais de meio milhão de judeus. Dos onze milhões de soldados soviéticos mortos em batalha, cerca de um quarto eram ucranianos étnicos. Com o término da Segunda Guerra Mundial e a derrota do Eixo, as fronteiras da Ucrânia soviética foram ampliadas na direção oeste, unindo a maior parte dos ucranianos sob uma única entidade política. A maioria da população não ucraniana dos territórios anexados foi deportada.

---

21 Ben Abraham. *Segunda Guerra Mundial.* São Paulo, Sherip Hapleita, 1985.

22 Alexander Werth. *A Rússia na Guerra 1941-1945.* Rio de Janeiro, Civilização Brasileira, 1966.

Nas "terras de sangue" da Segunda Guerra Mundial, anteriormente compostas por territórios e países multiétnicos e multinacionais, incluídos os países bálticos, Ucrânia e Polônia, voltou-se a fronteiras delimitadoras de unidades políticas que coincidiam com unidades étnicas, com expulsão dos ucranianos que habitavam Polônia desde havia séculos, o mesmo acontecendo com os poloneses da Ucrânia.

Ilya Ehrenbug e Vassilij Grossman, intelectuais de destaque do regime soviético, viram, primeiro, censurado, e depois não publicado, seu trabalho de grande fôlego chamado *Livro Negro* sobre as atrocidades praticadas pelas tropas nazistas contra os judeus durante a invasão e ocupação da URSS, em especial na Ucrânia. Os judeus húngaros e poloneses prisioneiros na URSS (geralmente na Sibéria ou na Ásia Central) com seus compatriotas, para os quais o "Comitê Judeu" soviético, assim como personalidades internacionais, pediram a liberdade, continuaram presos até serem repatriados nos anos seguintes, em virtude de acordos realizados por seus países com a URSS.[23] Nos seus países de origem os aguardava a hostilidade, oficial e até popular, a mesma que recebeu os sobreviventes do Holocausto na Ucrânia e na Polônia, onde houve verdadeiros *pogroms* no imediato pós-guerra; só uma parte menor de seus bens, e nenhuma de suas propriedades, lhes foi restituída. O historiador Timothy Snyder estimou em mais de dez milhões o número de ucranianos, judeus incluídos, mortos em decorrência de ações políticas (Stalin) ou de invasão bélica (Hitler) entre 1933 e 1945. Após a guerra, a Ucrânia tornou-se membro independente das Nações Unidas.

No segundo pós-guerra, a "Campanha das Terras Virgens", a partir de 1954, levou à prática um programa de reassentamento massivo de agricultores da União Soviética que trouxe mais de 300.000 pessoas para a Ásia Central, principalmente da Ucrânia, que foram assentadas ao norte do Cazaquistão e da região de Altai, o que levou a uma grande mudança cultural e étnica na região. As reformas econômicas de Kruschev se orientaram no sentido da descentralizarão econômica, com a criação dos *sovnarkhozes* (conselhos econômicos regionais) em parcial substituição do *Gosplan* (Conselho Econômico do Estado): em 1957, foram definidos 105 *sovnarkhozes* (70 para a Rússia, 11 para a Ucrânia, 9 para o Cazaquistão).[24] Resta o fato da URSS ter conseguido uma grande industrialização e índices de crescimento da produção num período assolado pela Segunda Guerra Mundial e suas consequências, na qual os povos soviéticos, especialmente ucranianos e russos, pagaram o pior preço em sacrifício. Apesar disso, até os anos de 1960, a União Soviética conseguiu manter-se num relativo isolamento em concorrência com o mercado capitalista global. As formas de integração havidas no COMECON, pac-

---

23 Antonella Salomoni. *L'Unione Sovietica e la Shoah*. Bolonha, Il Mulino, 2007.

24 Pierre Gilormini. *Histoire Économique de l'URSS*. Paris, Marketing, 1974; Alec Nove. *Historia Económica de la Unión Soviética*. Madri, Alianza, 1973.

to econômico do Leste europeu e da URSS, se ampliaram para parcerias com a Europa Ocidental. A partir dos anos de 1960, surgiram *joint ventures*, no período brezhnevista, como a famosa cidade automobilística rebatizada de Stavropol para Togliatti, onde a Fiat e o Estado soviético começaram a fabricar veículos desde 1966. A propriedade estatizada e a planificação centralizada conseguira expandir a URSS numa taxa de crescimento excepcional desde os anos de 1930. Isso ocorreu por causa do enorme preço social do feito, que foi pago por camponeses coletivizados à força, por nacionalidades oprimidas, como os ucranianos, que sofreram a "Grande Fome" e por um regime opressivo e prisional que chegou a ter nos campos de trabalhos forçados um setor significativo da produção industrial.

O crescimento industrial de pós-guerra teve consequências de todo tipo. Um exemplo trágico foi o acontecido em 26 abril de 1986, quando ocorreu na Ucrânia o acidente nuclear de Chernobyl, a 130 quilômetros ao Norte de Kiev, considerado o mais grave acidente nuclear da história, que afetou fortemente 600 mil habitantes. Até 1993, a causa de pelo menos sete mil mortes foi atribuída às elevadas doses de radiação recebida pela população vizinha à catástrofe nuclear, além disso 135 mil pessoas foram evacuadas. O reator foi revestido com uma camada de concreto de vários metros de espessura, formando uma estrutura chamada de sarcófago. A nuvem radioativa de Chernobyl afetou a Ucrânia, a Bielorrússia, a Rússia, a Polônia e partes da Suécia e da Finlândia. Nos anos seguintes, pesquisadores estrangeiros na área registraram um aumento de casos de câncer e outras doenças associadas à radioatividade. Em inícios dos anos 1990, ainda durante a "perestroika" de Mikhail Gorbachev, as forças armadas, ainda "soviéticas", exigiram um acordo entre, ao menos, as principais repúblicas, Rússia, Ucrânia, Bielorrússia, e em torno desta unidade a incorporação das repúblicas asiáticas. Em 16 de julho de 1990, no meio da tormenta política que agitava os estertores da URSS, o Soviete Supremo da Ucrânia proclamou a soberania da república ucraniana. Pouco antes disso, foram os mineiros ucranianos, o mesmo setor de um proletariado que, nas regiões periféricas geladas do país, havia sido o elemento central da mobilização social e sindical, os que protagonizaram as grandes greves de julho de 1989, que começaram exigindo a renúncia de Gorbachev e terminaram por resistir à tentativa de golpe de agosto de 1991, determinante do fim da URSS. Em 24 de agosto de 1991 foi aprovada a Declaração de Independência da Ucrânia e foi convocado um plebiscito para ratificá-la, que ocorreu em dezembro de 1991, no qual 90% dos votos foram favoráveis à sua ratificação; no mesmo dia, Leonid Kravchuk (ex-primeiro-secretário do Partido Comunista da Ucrânia) foi eleito presidente da nova entidade nacional, com 60% dos votos.

Em 8 de dezembro de 1991, os presidentes da Ucrânia, da Federação Russa e da Bielorrússia declararam o fim da URSS e estabeleceram a Comunidade de Estados Independentes (CEI). As grandes potências ocidentais mantiveram, até o golpe de Estado de agosto de 1991, uma política de conservação da unidade da URSS, mas no marco de um novo Tratado da União. Um informe do FMI sobre a URSS, de inícios de 1991, defendia as propostas de centralização em matéria monetária - o contrário do que previa o Tratado cuja assinatura foi suspensa pelo golpe. Em agosto desse ano aconteceu o colapso da URSS e a transição, para a formação da CEI, da Rússia e dos demais 14 países em que a URSS se dividiu: Ucrânia, Bielorrússia, Moldova, Lituânia, Letônia, Estônia, Geórgia, Armênia, Azerbaijão, Cazaquistão, Turcomenistão, Uzbequistão, Quirguistão e Tadjiquistão (para não mencionar enclaves anômalos como a Transnístria). No início de 1992, o governo ucraniano anunciou a liberação de preços, criou uma nova moeda e criou incentivos para o investimento estrangeiro.

A independência das antigas repúblicas soviéticas foi apresentada como uma revanche contra a centralização compulsória imposta por Lênin e o bolchevismo, na revolução de 1917 e na guerra civil ulterior.[25] Sem entrar no detalhe desse problema histórico, cabe apontar que a Revolução de Outubro concedeu a independência às nacionalidades oprimidas pelo Império czarista, e que Lênin se distinguiu, neste ponto, por defendê-la contra os que sustentavam ser essa uma concessão inadmissível ao nacionalismo. Trotsky, exilado do stalinismo, declarou que a opressão nacional grã-russa era um fator de desagregação da URSS, e reivindicou novamente a independência das nacionalidades da URSS, em especial da Ucrânia. A questão, portanto, não foi "descoberta" por Hélène Carrère d'Encausse, que se tornou célebre na década de 1970 com seu livro *L'Empire Éclaté*, acerca da questão nacional da URSS.[26] O capitalismo se estabeleceu na Rússia e Ucrânia em uma forma particularmente violenta de disputa entre máfias oligárquicas derivadas de quadros ex comunistas com antigas posições no aparelho de Estado.

A usina de Chernobyl, na Ucrânia pós-soviética, continuou em atividade, a despeito dos protestos internacionais, devido à grave crise de energia do país, às portas do inverno sem combustível suficiente para o aquecimento, existindo ao menos cinquenta outras usinas semelhantes à Chernobyl em funcionamento nos países da CEI. Um mês após o golpe e o "massacre do parlamento", os mineiros e demais trabalhadores de Vorkuta e de Nadim ameaçam com greves gerais contra o governo de Boris Iéltsin, principal agente da restauração capitalista na Rússia. Em 5 de maio de 1992, a Crimeia ucraniana declarou a independência, mas cedeu às pressões de Kiev e cancelou a declaração em troca da concessão de autonomia econômica. Em junho de 1992, a Rússia cancelou o decreto de 1954, que cedeu a Crimeia para a Ucrânia e exigiu a sua devolução, sem ser atendida. Em 1993, na Ucrânia, em julho, os mineiros paralisaram

---

25 Por exemplo: Catherine Samary e Enzo Traverso. La cuestión nacional en la URSS: fuerza y debilidad de una tradición marxista. *Inprecor* n° 77, Madri, julho 1990.

26 Hélène Carrère d'Encausse. The Nationality Question in the Soviet Union and Russia. Oslo, Scandinavian University Press, 1995. A respeito, ver o artigo de Zbigniew Kowalewski: O fim da prisão dos povos. In: Osvaldo Coggiola (org.). *Trotsky Hoje*. São Paulo, Ensaio, 1991.

CAPÍTULO I

o país. Previamente, em junho, a Rada Suprema ucraniana decidiu que pertenceria à Ucrânia todo o arsenal nuclear da extinta URSS estacionado naquele país e, desse modo, a Ucrânia tornou-se a terceira potência nuclear do mundo. Nessa época de crise econômica, Leonid Kutchma renunciou ao cargo de primeiro-ministro. Em setembro de 1993, a Ucrânia cedeu à Rússia parte da Frota do Mar Negro correspondente à Ucrânia, como pagamento de dívidas pelo fornecimento de petróleo e gás. Além disso, foi firmado um convênio de cooperação para desmontar mísseis intercontinentais que a Ucrânia queria manter como garantia contra possíveis projetos expansionistas russos. A oposição política ucraniana denunciou o acordo em Kiev.

Em junho e julho de 1994 ocorreram as primeiras eleições presidenciais ucranianas na era pós-soviética: o ex-primeiro-ministro Leonid Kutchma derrotou o então presidente Leonid Kravchuk com 52 % dos votos e confirmou a sua intenção de reforçar os laços com a Rússia e ingressar na união econômica da CEI. Em 1997, Pavlo Lazarenko renunciou ao cargo de primeiro ministro, em meio a denúncias de corrupção, e foi substituído por Valery Pustovoytenko. Nas eleições parlamentares de março de 1998, o Partido Comunista da Ucrânia ganhou 113 assentos (24,7%), estabelecendo-se, de fato, uma maioria parlamentar para a esquerda e centro-esquerda. Depois de uma década de relativa estabilidade interna e externa, em janeiro de 2006 Rússia cortou o fornecimento de gás à Ucrânia, que se recusava a aceitar um aumento de preço de 460%. Para as autoridades ucranianas, o aumento do vital insumo seria uma retaliação por tentativas para se tornar mais independente de Moscou e desenvolver laços mais estreitos com a Europa. Nesse clima político, em março de 2006 foram realizadas eleições parlamentares, nas quais o Partido das Regiões, liderado por Víktor Yanukóvytch conquistou 186 assentos de um total de 450. Em segundo lugar ficou o "Bloco Timoshenko", com 129 assentos, enquanto *Nossa Ucrânia*, liderado por Yushchenko, obteve 81 assentos. Em agosto, Víktor Yanukóvytch foi nomeado primeiro ministro, à frente de uma coalizão pró-Rússia. Em 2013, já presidente, Yanukovych rejeitou um acordo negociado com a União Europeia e preferiu uma reaproximação política e econômica com a Rússia, contra pressões políticas que favoreciam melhores relações com o Ocidente capitalista (a União Europeia) em detrimento de Moscou. O resultado foi uma série de protestos de rua em Kiev e outras partes do país, no que ficou conhecido como "Euromaidan", e a "revolução laranja" de 2014. A então subsecretária de Estado para Assuntos Europeus e Eurasianos dos EUA, Victoria Nuland,[27] apoiou ativa e pessoalmente os atos de grupos neonazistas da Ucrânia, anunciando que a "re-

---

27 Diplomata e lobista das principais empresas produtoras de armas nos EUA, casada com Robert Kagan, neoconservador duro e belicista. Entre 2003 e 2005, Nuland foi assessora do vice-presidente Dick Cheney e promotora da invasão e ocupação do Iraque, com um saldo de um milhão de mortos, aproximadamente. George W. Bush nomeou-a sua embaixadora na OTAN, entre 2005 e 2008, quando organizou o apoio internacional à ocupação dos EUA no Afeganistão. Em 2013, Barack Obama nomeou-a subsecretária de Estado para Assuntos Europeus e Eurasianos, cargo a partir do qual promoveu os protestos de grupos nacionalistas e neonazistas contra o governo de Yanukovych, participando pessoalmente das manifestações que a extrema direita organizou na Praça Maidan em dezembro de 2013.

volução" era apenas o primeiro passo de uma escalada que levaria os aliados dos EUA na região até as portas de Moscou. Com a grave crise política, e a intervenção externa na Ucrânia, se estendendo, o Parlamento votou por remover Yanukovych do poder. Em resposta, o governo russo ordenou uma invasão militar da Crimeia e anexou a região ao seu território, anulando a concessão de 1954.

As nações ocidentais, encabeçadas pelas potências imperialistas, não reconheceram essa anexação e impuseram graves sanções econômicas contra a Rússia. Em boa parte das regiões Leste e no Sul da Ucrânia houve grandes protestos pró-Rússia e em favor do presidente Yanukovych. A crise escalou ainda mais quando duas regiões no Leste declararam independência, se proclamando "República Popular de Donetsk" e "República Popular de Lugansk". O governo ucraniano respondeu não reconhecendo as regiões separatistas e enviando tropas que iniciaram uma verdadeira guerra na área de Donbass. A Ucrânia, ainda sofrendo com o rescaldo dos protestos e em crise econômica, não conseguiu sufocar a rebelião, que chegou a matar mais de nove mil pessoas até 2016. A partir de 2016, o conflito em Donbass desacelerou e uma série de cessar-fogo foram firmados. Os *Acordos de Minsk* estabeleceram uma solução para o conflito baseada na federalização da Ucrânia; os acordos, no entanto, não foram respeitados pelo governo ucraniano. Com o conflito se alastrando e internacionalizando cada vez mais, com a Ucrânia se aproximando da OTAN, em 2021, a Rússia começou a mobilizar tropas na fronteira ucraniana, iniciando uma enorme crise na região, que teve um desfecho bélico.

Em fevereiro de 2022, finalmente, as forças armadas russas iniciaram uma invasão em larga escala da Ucrânia. A guerra resultante, que se mantém até o presente, não é uma "guerra local", mas a expressão da passagem da crise mundial do terreno econômico e político para o bélico, com repercussões, inclusive militares, no mundo inteiro, das quais nenhum país pode fugir, e nenhuma força política lavar as mãos, declarando-se neutra ou defendendo uma posição "equidistante". Embora Rússia apareça como "agressora", o clima político da guerra foi cuidadosamente preparado pela grande mídia ocidental, pressionando seus governos, ao ponto de um pesquisador australiano concluir, na véspera do 24 de fevereiro de 2022, que "o roteiro para a invasão já parece ter sido escrito, e não necessariamente pela caneta do líder russo. As peças estão todas no lugar: a suposição da invasão, a prometida implementação de sanções e limites na obtenção de financiamento, além de uma forte condenação". Pouco ou nada foi dito na grande mídia ocidental sobre como a aliança da OTAN se expandiu, desde a dissolução e colapso da União Soviética em 1991, cada vez mais ameaçadoramente para a Federação Russa, o principal Estado sucessor da antiga federação de nações que compunham a URSS.

Retomemos a sequência dos fatos. Os mesmos EUA que impulsionaram a extensão da OTAN até às fronteiras da Rússia, visando, através de pressão e chantagem militar, a penetração de seus capitais por todo o antigo território soviético, anunciaram pouco antes disso uma forte retomada do seu crescimento econômico simultaneamente ao maior orçamento militar de sua história, dois fatos estreitamente vinculados. A retaliação russa à "revolução laranja" foi a retomada da Crimeia, território cedido pela URSS à Ucrânia, como vimos, em 1954. Depois da anexação da península, forças separatistas no Leste da Ucrânia, em regiões de maioria russa, fortaleceram seu pleito independentista. Ante a possibilidade de redução do território ou mesmo de autonomia dessas regiões, o novo governo ucraniano, encabeçado por Volodymir Zelensky, recuperou o projeto de seu país para compor a OTAN. Muito antes disso, treze países, a República Checa, Polónia, Hungria (1999), Estónia, Letónia, Lituânia, Eslováquia, Roménia, Bulgária, Eslovénia (2004), Albânia, Croácia (2009) e Montenegro (2017) aderiram à OTAN. O cerco pelo Ocidente estava quase concluído, agora era hora do cerco pelo Sul, com a Ucrânia, a Geórgia, a Moldávia, e o Azerbaijão apresentando sua candidatura. A operação estava marcando passo no Leste, com os países da Ásia Central apoiando sua poderosa vizinha, a Rússia, também atendendo aos interesses de seu outro gigante vizinho, a China.

Washington acusou Moscou, mas não parou de deslocar porta-aviões e tropas para a fronteira russa. A adesão da Ucrânia à OTAN trazia imediatamente para a agenda geopolítica a implantação de ogivas nucleares em seu território: um míssil nuclear poderia cair sobre Moscou em um período de poucos minutos, uma situação em que uma arma nuclear carregada estaria sendo apontada contra o coração da Rússia. Esta máquina de guerra é o que ameaça o futuro da humanidade na Europa e na Ásia. Diante do ataque russo, *The Economist*, histórico porta-voz britânico do grande capital, sugeriu que a OTAN aproveitasse a circunstância para ocupar toda a Europa do Leste, independentemente dos limites fixados pelos acordos precedentes.

A responsabilidade pela invasão militar da Ucrânia foi, portanto, da OTAN, que se espalhou do Atlântico Norte para a Ásia Central e militarizou todos os estados ao redor da Rússia. Segundo John Mearsheimer, da Universidade de Chicago, "os Estados Unidos e os seus aliados europeus partilham a maior parte da responsabilidade pela crise. A raiz principal do problema é o alargamento da OTAN, o elemento central de uma estratégia mais ampla para tirar a Ucrânia da órbita da Rússia e integrá-la ao Ocidente. Ao mesmo tempo, a expansão da UE para Leste e o apoio do Ocidente à o movimento pró-democracia na Ucrânia – começando com a Revolução Laranja em 2004 – também foram elementos críticos. Desde meados da década de 1990, os líderes russos opuseram-se veementemente ao alargamento da OTAN e, nos últimos anos, deixaram claro que não aceitariam que seu vizinho estrategicamente importante se transformasse em um país ocidental bastião. Para Putin, a derrubada ilegal do democraticamente eleito presidente da Ucrânia e pró-Rússia – um fato que ele justamente rotulou de 'golpe' – foi a gota d'água. Ele respondeu tomando a Crimeia, uma península que temia que acolhesse uma base naval da NATO, e trabalhando para desestabilizar a Ucrânia até que esta abandonasse os seus esforços para se juntar ao Ocidente".[28]

Os dois meses de discussões desde o início da mobilização de tropas dentro da Rússia, depois para a Bielorrússia e os mares Báltico, Norte e Negro, terminaram em um impasse completo. Os EUA e a União Europeia se recusaram a assinar um compromisso de não incorporar a Ucrânia à OTAN, desmilitarizar os estados que fazem fronteira com a Rússia e reativar o tratado que contemplava a reunificação da Ucrânia, na forma de uma república federal. Eclodiu uma guerra, como consequência, em primeiro lugar, de uma política de extensão da OTAN para todo o mundo. O mesmo procedimento acontece no Extremo Oriente, onde EUA, Austrália, Nova Zelândia e Japão estabeleceram um acordo político-militar às portas da China. A escalada é mundial: a OTAN havia ocupado o Afeganistão, corredor entre o Oriente Médio e o Extremo Oriente. Também participou no bombardeio e desmembramento da Líbia e armou as formações "islâmicas" para tentar derrubar o governo da Síria. Os governos da OTAN implementaram sanções econômicas, incluindo a suspensão, pelo governo alemão, da certificação do gasoduto *NordStream2*, que deveria completar o fornecimento de gás russo à própria Alemanha.

No contexto mais amplo, internacional, o conflito ucraniano é a expressão profunda da crise da política imperialista (não só dos EUA), que foi antecipada pela retirada sem glória do Afeganistão, o desastre norte-americano na Líbia ("uma merda", nas palavras textuais de Barack Obama) e, sobretudo, no Iraque. Reduzi--lo a um episódio de uma reformulação geopolítica internacional, em favor de um potencial bloco China-Rússia, contra os dominantes ocidentais tradicionais, seria um enfoque unilateral, incapaz de considerar o contexto de crise capitalista mundial e o conjunto de fatores políticos internacionais, e até as dimensões históricas implicadas no conflito. Por trás da movimentação agressiva impulsionada pelos EUA, filtraram-se as condições precárias da retomada econômica norte-americana, que mal ocultavam as condições de crise do maior capitalismo do planeta. Na sua retomada de atitudes semelhantes às da "guerra fria", os EUA aproveitaram as contradições das políticas dos governos dos países antigamente subtraídos ao domínio imperialista pelas revoluções socialistas. China e Rússia avançaram no caminho da restauração capitalista após os acontecimentos de 1989-1991. Presos às contradições do processo de restauração, estes países enfrentaram uma escalada da pressão militar, econômica e política imperialista para impor-lhes, por todos os meios, subjugação total, fragmentação, e lhes impor um novo tipo de colonização, mascarado como uma "mudança de regime democrático". Esses regimes não são capazes nem estão dispostos a derrotar a ofensiva imperialista, buscam um compromisso improvável e uma acomodação impossível com o agressor, em

---

28 John J. Mearsheimer. Why the Ukraine crisis Is the West's fault: the liberal delusions that provoked Putin. *Foreign Affairs* Vol. 93, nº 5, Washington, setembro-outubro 2014.

CAPÍTULO I

nome da "cooperação internacional", a "multipolaridade", um "acordo ganha-ganha", todos avatares das velhas fórmulas fracassadas de "coexistência pacífica" e do "socialismo em um único país".

Não estamos diante do retorno da "Guerra Fria", reciclando seus velhos protagonistas e opondo capitalismo e "socialismo real" (ou mesmo imaginário). Comparar a "expansão étnica" da Rússia impulsionada por Putin com a expansão, também "étnica", hitleriana em direção dos Sudetos tchecos e da Áustria em 1938, como fez a grande mídia, significa simplesmente esquecer que esta última foi explicitamente anuída pelas potências ocidentais na Conferência de Munique, do mesmo ano. A semelhança é, portanto, apenas formal. A resistência russa à OTAN lança uma luz sobre a potencial desintegração da Rússia, encoberta pela sua "expansão". A dissolução da URSS representou um passo em direção da desintegração nacional. A integração russa ao mercado mundial resultou em um retrocesso de suas forças produtivas e de sua economia. Putin enfrentou uma guerra internacional como defensor dos interesses da oligarquia capitalista russa, depurada de alguns elementos mafiosos e beneficiária desse processo, contra o capital mundial. O regime político na Rússia é uma expressão da tendência dissolvente existente na Rússia capitalista: uma sorte de bonapartismo buscando submeter as contradições sociais e nacionais da Federação Russa no espartilho da repressão política e da militarização. As Forças Armadas da Rússia podem ocupar a Ucrânia, mas o sistema russo, muito enfraquecido, não poderia resistir à pressão do imperialismo capitalista mundial. A fratura do bonapartismo de Putin reporia a alternativa da dissolução nacional. Embora realizada em resposta à expansão do bloco imperialista chefiado pelos EUA, a possível anexação da Ucrânia, direta ou encoberta, para integrar o espaço da Comunidade de Nações Independentes comandada pela Rússia, foi e é uma operação imperialista do território vizinho, que multiplicaria as contradições dos anexionistas.

Ignorar a dimensão histórica da crise, considerando-a "anacrônica", em nome da "geopolítica internacional", é ignorar que Putin se referiu de modo bem explicito a ela na véspera do ataque à Ucrânia, em entrevistas com jornalistas ocidentais, que haviam adotado um tom agressivo em defesa da "soberania nacional" da Ucrânia: "A Ucrânia moderna foi inteiramente criada pela Rússia ou, para ser mais preciso, pelos bolcheviques, pela Rússia comunista. Esse processo começou praticamente logo após a revolução de 1917, e Lênin e seus associados o fizeram de uma maneira extremamente dura para a Rússia – separando, cortando o que historicamente era terra russa. Ninguém perguntou aos milhões de pessoas que vivem lá o que eles pensavam". Toda a discussão de Putin sobre a história, desde o estabelecimento da URSS em 1922 até seu desmoronamento em 1991, foi uma argumentação para um objetivo: a refundação da Federação Russa com base nas fronteiras da Rússia czarista. Tendo superado o trauma do colapso nacional, as classes dominantes russas voltaram seu olhar para as antigas fronteiras da URSS, cujas fronteiras correspondiam, mais ou menos, às do território do império do czar. O território geral da Rússia czarista e o da União Soviética eram, aproximadamente, semelhantes. Putin anseia restabelecer as fronteiras não da União Soviética, mas as da Rússia histórica. Falar sobre o desejo de Putin de restabelecer a União Soviética é uma mentira, já que Putin é explicitamente hostil à URSS e a vê, de acordo com os líderes da classe dominante da Rússia, como um desvio transitório do curso da história russa. Putin aspira à uma reedição da Rússia czarista sem czar: inventou uma narrativa histórica que se limitou às relações entre a Rússia e a Ucrânia, que o establishment russo eventualmente estenderá a outros antigos territórios imperiais.

O epicentro da crise internacional provocada pela guerra se situou no próprio sistema imperialista mundial, chefiado pelos EUA. A inadequação crescente da OTAN às relações internacionais abaladas tornava-se evidente à medida que suas operações militares culminavam em repetidos fracassos, revelando uma contradição histórica mais aguda. A dissolução da União Soviética e a abertura da China ao mercado mundial pareciam anunciar uma expansão excepcional do capitalismo, mas as sucessivas crises mundiais mostraram suas limitações intransponíveis: a contradição entre o monopólio financeiro e militar dos EUA, por um lado, e seu recuo sistemático no mercado mundial, pelo outro. Na OTAN, o imperialismo norte-americano tinha confrontos mais frequentes com seus aliados, suas operações internacionais, como no Iraque, não mais conseguiam se apoiar em "coalizões internacionais". Na véspera da guerra ucraniana, a Rússia negociou com quatro ou cinco governos separadamente: os EUA, a Alemanha, a França e até a Turquia e a própria Ucrânia. A guerra ucraniana acentuou, primeiro em baixo do pano e depois em cima dele, a desintegração do aparelho político-militar ocidental.

Num plano mais geral, as sanções econômicas da OTAN contra a Rússia foram o reverso da badalada "globalização" capitalista. A chamada "globalização" propiciou, nos anos 1990, a recuperação temporária da taxa de lucro, até o fim do século passado. A partir de 1997 essa taxa começou a cair caracterizando uma situação de "longa depressão". O crescimento do PIB diminuiu em todo o lado, e em 2020 registou-se a recessão mais grave desde o fim da Segunda Guerra Mundial, como resultado da pandemia. A desaceleração econômica tem sido mais pronunciada nos principais países avançados e menos acentuada em alguns países ditos "emergentes". Este fenômeno pode ser observado comparando os países do G7 (Estados Unidos, Japão, Alemanha, Reino Unido, França, Itália e Canadá) com os BRICS (China, Índia, Brasil, Rússia e África do Sul), tanto no período anterior à crise do hipotecária, entre 1980 e 2007, como no período posterior, entre 2007 e 2023. Medidas econômicas "de exceção", em função da guerra, foram adotadas por muitos países. A guerra ensejou uma crise do comércio e das finanças internacionais, afetadas pelo golpe que as cadeias produtivas internacionais receberam no quadro da pandemia. O governo Putin desencadeou operações militares sob

CAPÍTULO I   31 a pressão de um impasse estratégico, da mesma forma que a OTAN buscou esse resultado e insistiu em provocá-lo, como uma saída para o seu. Rússia está sob o domínio de uma oligarquia e de uma burocracia sem outro título além da sua recente ascensão e expropriação da propriedade estatal, um capitalismo rastaquera que o capital internacional quer deslocar para seu próprio benefício. O motivo da guerra não é a independência da Ucrânia; a atual é uma guerra pela reconfiguração política internacional de um mundo em crise. O objetivo da última reunião do G-7 foi preparar a contraofensiva da Ucrânia contra o exército russo em toda a faixa oriental. A contraofensiva incluiu ataques ao território russo. Porta-vozes dos EUA e da Alemanha justificaram isso pela necessidade de atingir as rotas de abastecimento militar do exército de ocupação russo. Os drones que atacaram o Kremlin ou a Crimeia, ou os mísseis contra cidades russas, porém, vão muito além desse propósito.

O "bloco ocidental" reafirmou, nas suas reuniões internacionais, sua intenção de "apoiar Ucrânia em tudo que for necessário", ensejando um cenário europeu (potencialmente mundial), após mais de um ano e meio hostilidades, para a uma guerra. A ajuda militar e econômica da OTAN à Ucrânia terá de aumentar, mesmo que os Estados Unidos entrem numa espécie de calote, determinado pela sua volumosa dívida pública. Por trás do cerco à Rússia, o que se desenha é uma tentativa de pressão extrema do bloco imperialista ocidental contra a China, como parte da disputa pelo mercado mundial, em que se verifica uma cada vez mais importante participação chinesa. A guerra da OTAN na Ucrânia vem, por isso, acompanhada de forte pressão sobre a China. Faz parte da guerra econômica promovida pelos EUA de Biden e pela implantação da OTAN na Ásia, baseada nos acordos entre Estados Unidos, Japão e Austrália. Desenvolve-se assim uma escalada bélica internacional. Considerada em todas suas dimensões, verifica-se que crise do capitalismo ameaça com uma tragédia humanitária sem precedentes. A importância da disputa internacional explica o cenário cada vez mais amplo dos conflitos. A presença, nesta crise, de uma estratégia internacionalista dos trabalhadores, em defesa de uma paz baseada na derrota das provocações militares imperialistas e dos atropelos aos povos oprimidos, da perspectiva de uma livre associação dos povos e nações, depende de uma política anti-imperialista e anticapitalista, baseada na classe trabalhadora e independente das burocracias e das oligarquias neocapitalistas, unificada no mundo todo. Essa é a grande tarefa política pendente.

REFERÊNCIAS BIBLIOGRÁFICAS

1. *A IV Internacional e a Guerra.* Manifiesto de emergencia. Buenos Aires, Acción Obrera, 1940.
2. Abraham, Ben. *Segunda Guerra Mundial.* São Paulo, Sherip Hapleita, 1985.

3. Almeida, Nicolau Bruno de. Makhno, um cossaco libertário. *Mouro* nº 12, São Paulo, janeiro de 2018.

4. Archinov, Pedro (Piotr). *Historia del Movimiento Maknovista (1918-1921)*. Buenos Aires, Argonauta, 1926.

5. Avrich, Paul. *Les Anarchistes Russes*. Paris, François Maspéro, 1979.

6. Bettanin, Fabio. *A Coletivização da Terra na URSS*. Stalin e a "revolução do alto" (1929-1933). Rio de Janeiro, Civilização Brasileira, 1981.

7. Carrère d'Encausse, Hélène. *The Nationality Question in the Soviet Union and Russia*. Oslo, Scandinavian University Press, 1995.

8. Figes, Orlando. *Crimea*. The last Crusade. Londres, Penguin Books, 2011.

9. Gilormini, Pierre. *Histoire Économique de l'URSS*. Paris, Marketing, 1974.

10. Kowalewski, Zbigniew. O fim da prisão dos povos. In: Osvaldo Coggiola (org.). *Trotsky Hoje*. São Paulo, Ensaio, 1991.

11. Luxemburgo, Rosa. *A Revolução Russa*. Petrópolis, Vozes, 1991.

12. Magocsi, Paul Robert. *A History of Ukraine*. Toronto, University of Toronto Press, 1996.

13. Marie, Jean-Jacques. *Histoire de la Guerre Civile Russe 1917-1922*. Paris, Tallandier, 2015.

14. Mearsheimer, John J. Why the Ukraine crisis Is the West's fault: the liberal delusions that provoked Putin. *Foreign Affairs* Vol. 93, nº 5, Washington, setembro-outubro 2014.

15. Nove, Alec. *Historia Económica de la Unión Soviética*. Madri, Alianza, 1973.

16. Pericás, Luiz Bernardo. *Planificação e Socialismo na Rússia Soviética: os Primeiros Dez Anos*. Texto apresentado no Simpósio Internacional "Cem Anos que Abalaram o Mundo", Departamento de História (FFLCH), Universidade de São Paulo, 2017.

17. Radek, Karl. *Las Vias y las Fuerzas Motrices de la Revolución Rusa*. Madri, Akal, 1976.

18. Radziejowski, Janus. *The Communist Party of Western Ukraine 1919-1929*. Edmonton, University of Alberta, 1983.

19. Salomoni, Antonella. *L'Unione Sovietica e la Shoah*. Bolonha, Il Mulino, 2007.

20. Samary, Catherine; Traverso, Enzo. La cuestión nacional en la URSS: fuerza y debilidad de una tradición marxista. *Inprecor* n° 77, Madri, julho 1990.

21. Skirda, Alexandre. *Les Cosaques de la Liberté*. Nestor Makhno, le cosaque de l'Anarchie et la guerre civile russe 1917-1921. Paris, Jean-Claude Lattès, 1985.

22. Snyder, Timothy. *Terras de Sangue*. A Europa entre Hitler e Stalin. Rio de Janeiro, Record, 2012.

23. Sokoloff, Georges. *1933, l'Année Noire*. Témoignages sur la famine em Ukraine. Paris, Albin Michel, 2000.

24. Trotsky, Leon. Muito barulho acerca de Kronstadt. In: Gérard Bloch. *Marxismo e Anarquismo*, São Paulo, Kairós, 1981.

25. Werth, Alexander. *A Rússia na Guerra 1941-1945*. Rio de Janeiro, Civilização Brasileira, 1966.

II

UCRÂNIA-RÚSSIA: UMA VISÃO ALTERNATIVA DO CONFLITO UCRANIANO

Daniel Gaido*

* Pesquisador do Consejo Nacional de Investigaciones Científicas y Técnicas (CONICET) da Argentina; professor de História da Universidade Nacional de Córdoba (UNC).

Stephen F. Cohen (1928-2020) foi um dos estudiosos americanos mais respeitados no campo dos estudos russos desde a publicação da sua biografia de Nikolai Bukharin, que, meio século depois, continua a ser a obra padrão sobre o assunto. A recepção crítica da biografia de Bukharin por Cohen foi esmagadoramente positiva: Alec Nove declarou em sua crítica na revista *Soviet Studies*: "É com grande prazer que saudamos o aparecimento do melhor livro sobre a URSS publicado em muitos anos". Cohen lecionou em Princeton de 1968 a 1998, tornando-se professor titular de política e estudos russos, depois na *City University of New York* até sua aposentadoria em 2011. Suas contribuições acadêmicas posteriores incluem uma coleção em língua russa dos escritos de Bukharin na prisão. Apoiante das reformas de Gorbachev, Cohen ficou consternado com o colapso econômico da Rússia na década de 1990, bem como com o ataque de Iéltsin ao parlamento em 1993, e com a adopção de uma constituição fortemente presidencialista. Mas como defensor de longa data da distensão (*détente*), Cohen sempre considerou que era uma questão de vital importância para a segurança nacional dos Estados Unidos, bem como - dado o potencial para uma guerra nuclear - para o futuro da humanidade, cultivar boas relações com a Rússia, em particular ao aceitar o fato, negado pelo discurso político dominante dos EUA, de que a Rússia tem preocupações legítimas de segurança, que foram sistematicamente violadas pelo que Cohen viu como a expansão provocativa da OTAN na Europa Oriental, incluindo a Ucrânia.

Cohen articulou essas opiniões já em 2014, como apresentador do *The John Batchelor Show*. Suas palestras foram posteriormente publicadas como uma série de artigos no *The Nation* e reunidos em seu livro *War with Russia?* Por defender estas opiniões, Cohen foi ridicularizado como um "apologista americano de Vladimir Putin", um "amigo de Putin" e um "bajulador americano de Putin", entre outros insultos. O professor Cohen morreu em 18 de Setembro de 2020 e, portanto, não pôde testemunhar a eclosão da guerra na Ucrânia, aquela que há muito previa – e temia – provocada pelas políticas dos EUA. Neste texto oferecemos um resumo e uma avaliação crítica da análise de Cohen sobre as origens do que chamou de "Nova Guerra Fria", ou seja, do confronto entre os Estados Unidos e a Rússia provocado pela expansão, promovida pelos Estados Unidos, da OTAN para a Europa Oriental. O referencial teórico é a teoria do imperialismo, tal como foi desenvolvida pelos intelectuais marxistas nas duas primeiras décadas do século XX. A metodologia consiste na análise de fontes primárias, trabalhos acadêmicos e artigos de jornais, relacionados o final do texto. Cohen iniciou a sua análise pública pouco depois da chamada "revolução Maidan" de fevereiro de 2014, na qual tanto a União Europeia como os Estados Unidos foram fundamentais para provocar a "mudança de regime" na Ucrânia e levá-la para a órbita do "Ocidente" – um eufemismo para o imperialismo dos EUA. Esta operação foi facilitada pela natureza corrupta do regime do oligarca alinhado com a Rússia, Viktor Yanukovych, e pelo descontentamento da população com o governo e a situação económica. Ghodsee e Orenstein encontraram "seis países pós-comunistas com PIB per capita abaixo dos níveis de 1989 em 2016": Moldávia, Geórgia, Kosovo, Sérvia, Tajiquistão e Ucrânia.

A chamada "Revolução de Maidan" começou com um movimento da União Europeia: o chamado "Acordo de Livre Comércio Abrangente e Profundo" entre a Ucrânia e a União Europeia. Viktor Yanukovych, presidente da Ucrânia de 25 de fevereiro de 2010 a 22 de fevereiro de 2014, ficou alarmado com as severas medidas de austeridade económica implícitas no Acordo e com a perspectiva de cortar os laços da Ucrânia com a Rússia em favor do "Ocidente", e adiou a sua assinatura, na esperança de conseguir um ac ordo melhor colocando a União Europeia contra a Rússia. Nada disto foi claramente explicado ao público ucraniano, mas os opositores de Yanukovych, conscientes do seu descrédito entre a população e abertamente apoiados pela União Europeia e pelos Estados Unidos, aproveitaram a oportunidade para organizar a ocupação da Praça da Independência. Em Kiev. Em dezembro de 2013, o senador republicano John McCain e o senador democrata Chris Murphy voaram para Kiev para se encontrarem com os líderes da oposição e depois dirigiram-se à multidão. Também em dezembro de 2013, num discurso à Fundação EUA-Ucrânia, uma agência não governamental para "promover a democracia", a Subsecretária de Estado para Assuntos Europeus e Eurasiáticos dos EUA, Victoria Nuland, disse: "

Desde a independência da Ucrânia, em 1991, os Estados Unidos têm apoiado os ucranianos no desenvolvimento de competências e na construção de instituições democráticas, na promoção da participação cívica e da boa governança, condições prévias para que a Ucrânia alcance as suas aspirações europeias. Investimos mais de cinco bilhões de dólares para ajudar a Ucrânia nestes e noutros objetivos que irão garantir uma Ucrânia segura, próspera e democrática".

Os fascistas de *Svoboda* —Свобода/Liberdade— e *Pravy Sektor* —Правий сектор/ Setor Direito— foram as tropas de choque da "Revolução de Maidan". O governo Yanukovych, sem uma base de apoio suficientemente sólida na população, ruiu em poucos dias. Os neonazistas entraram no primeiro governo "revolucionário". Muito evidentes, especialmente após o massacre dos pró-russos em Odessa, onde incendiaram a sede do sindicato, foram excluídos do governo formado por Petro Poroshenko após as eleições presidenciais de 25 de maio de 2014. Ao mesmo tempo, o Batalhão Azov —батальйон "AZoV"— composto por neonazistas, juntou-se à Guarda Nacional Ucraniana em novembro de 2014. Um estudo sobre "a esquerda ucraniana durante e depois dos protestos de Maidan", solicitado pela delegação de *Die Linke* na "esquerda no Parlamento Europeu" - GUE/NGL (*Gauche Unitaire Européenne*/Esquerda Nórdica Verde), concluiu que: "*A Nova Esquerda que apoiava Maidan era simplesmente demasiado fraca e desorganizada para ter um impacto significativo no protesto; os seus membros tornaram-se pouco mais do que apoiantes voluntários da liderança da direita. As organizações e partidos de esquerda mais fortes que reagiram ao anticomunismo dos manifestantes de Maidan assumiram uma posição crítica distanciada, a maioria deles apoiou efetivamente Yanukovych*".[1]

Uma das falácias da Nova Guerra Fria, argumentou Stephen Cohen num artigo intitulado "Heresia Patriótica Versus a Nova Guerra Fria" publicado no *The Nation* em 27 de agosto de 2014, é que, em novembro de 2013, a União Europeia, apoiada por Washington, ofereceu ao presidente ucraniano Viktor Yanukovych uma associação benigna com a democracia e a prosperidade europeias; que Yanukovych estava disposto a assinar o acordo, mas foi intimidado e subornado por Putin para o rejeitar, e assim começaram os protestos de Maidan em Kiev e tudo o que se seguiu desde então. Na verdade, argumentou Cohen, a proposta da União Europeia tinha sido "uma provocação irresponsável", forçando o presidente democraticamente eleito de um país profundamente dividido a escolher entre a Rússia e o Ocidente. O mesmo aconteceu com a rejeição da União Europeia à contraproposta de Putin de um plano russo-europeu-americano para salvar a Ucrânia do colapso financeiro. Por si só, a proposta da União Europeia não era economicamente viável porque, embora oferecesse pouca assistência financeira, exigia que o governo ucraniano implementasse duras medidas de austeridade, reduzindo drasticamente as suas relações econômicas essenciais e de longa data com a Rússia. Mas, acima de tudo, a associação não teria sido de forma alguma "benigno", uma vez que incluía protocolos que exigiam que a Ucrânia aderisse às políticas "militares e de segurança" da Europa, o que significava, com efeito, sem mencionar a aliança, que a Ucrânia aderisse à OTAN. Mais uma vez, não foi a alegada "agressão" de Putin que iniciou a crise "mas uma espécie de agressão aveludada de Bruxelas e Washington para trazer toda a Ucrânia para o Ocidente, incluindo (em letras miúdas) trazer toda a Ucrânia para a OTAN".

Segundo Cohen, outra falácia da Nova Guerra Fria é que a guerra civil na Ucrânia foi causada pela resposta agressiva de Putin aos protestos pacíficos de Maidan

---

1 V. Ishchenko (2016, janeiro). *The Ukrainian Left during and after the Maidan Protests.* Study Requested by the Die Linke Delegation in the Left in the European Parliament — GUE/NGL (Gauche unitaire européenne/ Nordic Green Left). https://www.cslr.org.ua/wp-content/uploads/2016/01/The_Ukrainian_Left_during_and_after_the.pdf

contra a decisão de Yanukovych, quando, na verdade, foram forças nacionalistas as que, em fevereiro de 2014, tornaram violentos os protestos de Maidan. Na esperança de uma resolução pacífica, os ministros dos Negócios Estrangeiros europeus mediaram um compromisso entre os representantes parlamentares de Maidan e Yanukovych, que o teria deixado como presidente enfraquecido de um governo de coligação de "reconciliação" até à conclusão das eleições antecipadas em dezembro de 2014. Dentro de horas, no entanto, manifestantes violentos abortaram o acordo, os líderes da Europa e de Washington não conseguiram defender o seu próprio acordo diplomático e Yanukovych fugiu para a Rússia. Os partidos parlamentares minoritários que representavam o Maidan, predominantemente na Ucrânia ocidental — entre eles o *Svoboda*, um movimento ultranacionalista anteriormente anatematizado pelo Parlamento Europeu como incompatível com os "valores europeus" — formaram um novo governo. O novo governo recusou-se a processar os nacionalistas extremistas que estavam por detrás do massacre de manifestantes pró-Rússia em Odessa, em maio de 2014, bem como a negociar com regiões subitamente marginalizadas no Leste da Ucrânia, que votaram em grande parte por Yanukovych, lançando um ataque militar "antiterrorista" contra eles, em vez disso. Washington e Bruxelas apoiaram o golpe e têm apoiado o resultado dele desde então. Cohen concluiu que tudo o que se seguiu, desde a anexação da Crimeia pela Rússia e a propagação da rebelião no Sudeste da Ucrânia, até à guerra civil e à "operação antiterrorista" de Kiev, foi desencadeado pelo golpe de fevereiro de 2014, e que "as ações de Putin foram majoritariamente reativas".

Num artigo escrito em 3 de janeiro de 2018, intitulado "Quatro Anos de Mitos de Maidan", Cohen argumentou que a chamada "Revolução de Maidan" levou "à anexação da Crimeia pela Rússia e à guerra por procuração — *proxy war* - entre os Estados Unidos e Rússia, em progresso no Donbass", e que o "Euromaidan" tinha "militarizado e consolidado o epicentro da Nova Guerra Fria nas fronteiras da Rússia, na verdade dentro de uma civilização partilhada durante séculos pela Rússia e grande parte da Ucrânia". O Congresso dos EUA autorizou a venda de armas ao abrigo da "Lei de Apoio à Liberdade da Ucrânia" sancionada pelo presidente Barack Obama em 18 de dezembro de 2014, mas a administração Obama nunca autorizou grandes vendas de armas letais ao exército ucraniano para evitar uma escalada do conflito. Essa linha vermelha foi ultrapassada quando o presidente Donald Trump, reagindo ao "Russiagate" e às falsas alegações de que era "o fantoche de Putin", aprovou a venda de 210 mísseis antitanque Javelin e 37 lançadores à Ucrânia no valor de 47 milhões de dólares, em dezembro de 2017. Cohen comentou que "a administração Trump anunciou que iria fornecer ao governo de Kiev armas cada vez mais sofisticadas, um passo que até a administração Obama, que desempenhou um papel muito prejudicial na crise de 2014, se recusou a tomar". Obama encarregou o então vice-presidente Joseph Biden do "projeto ucraniano" do governo, "transformando-o em um procônsul encarregado de supervisionar uma Kiev cada vez mais colonizada", e Biden, que claramente já buscava a indicação presidencial democrata para 2020, segundo Cohen, "tem grande responsabilidade pessoal pela crise na Ucrânia". No entanto, Biden não mostrou "nenhum sinal de repensar nada, e menos ainda remorso".

Num artigo na *Foreign Affairs*, Biden e o seu coautor, Michael Carpenter, enumeraram "um tsunami de narrativas altamente questionáveis, se não falsas", sobre "Como Lidar com o Kremlin", muitas delas envolvendo os seus anos como vice-presidente. Ao longo do caminho, Biden repreendeu repetidamente Putin por se intrometer nas eleições ocidentais. Cohen lembrou que "este é o mesmo Joe Biden que disse a Putin para não regressar à presidência russa durante o suposto '*reset*' das relações da administração Obama com Moscou e que, em fevereiro de 2014, disse ao presidente da Ucrânia democraticamente eleito, Yanukovych, para abdicar e fugir do país". Numa palestra proferida em Washington DC, em 26 de março de 2015, sobre "O Imperativo da Distensão e o Princípio da Paridade", Cohen alertou que "podemos em breve estar mais perto de uma guerra real com a Rússia do que temos estado desde a crise dos mísseis cubanos de 1962" e que "a nova Guerra Fria aprofundou-se e institucionalizou-se ao transformar o que começou, em fevereiro de 2014, essencialmente como uma guerra civil ucraniana, numa guerra por procuração entre os Estados Unidos, a OTAN e a Rússia".

O golpe de Maidan foi, segundo Cohen, um resultado natural de décadas de política de expansão da OTAN patrocinada pelos EUA na Europa Oriental. A OTAN expandiu-se para Leste em duas grandes vagas: em 1999, para incluir a República Checa, a Hungria e a Polónia, e em 2004, para incluir a Bulgária, a Estónia, a Letónia, a Lituânia, a Roménia, a Eslováquia e a Eslovénia. Escusado será dizer que todos os três Estados bálticos fazem fronteira com a Rússia. Num artigo escrito em 1º de abril de 2014, intitulado "Guerra Fria Novamente: Quem é o Responsável?", Cohen observou que "em nome da 'democracia'", o "Ocidente" tinha "tornado impiedosamente o seu poder militar, política e economicamente mais próximo à Rússia pós-soviética", e enumerou uma série de provocações que incluíam "o bombardeamento de 1999 da Sérvia, aliada eslava de Moscou, separando-a à força da sua província histórica do Kosovo", bem como a criação de "um posto militar dos EUA" na Geórgia, que resultou na "breve guerra por procuração de 2008". Num artigo intitulado "*Distorting Russia*", escrito em 12 de fevereiro de 2014, Cohen argumentou que "a omissão mais crucial da mídia", na cobertura dos EUA do conflito ucraniano, foi "a crença razoável de Moscou de que a luta pela Ucrânia era outro capítulo na contínua marcha do Ocidente, liderada pelos EUA, em direção à Rússia pós-soviética, que começou na década de 1990 com a expansão da OTAN para o Leste, e continuou com atividades políticas de ONGs financiadas pelos EUA dentro da Rússia, um posto militar EUA-OTAN na Geórgia e instalações de defesa antimísseis perto da Rússia". Esta "política de longa data de Washington e Bruxelas" era "enganosa", porque a proposta da União Europeia à Ucrânia incluía disposições de "política de segurança" que, para todos os efeitos práticos, "subordinam a Ucrânia à OTAN".

CAPÍTULO II

As origens da nova Guerra Fria, segundo Cohen, estavam *"na decisão de Washington de expandir a OTAN para o Leste, em direção à Rússia, depois do suposto fim da Guerra Fria, uma decisão tomada pela administração Clinton; ao denunciar o direito de Moscou a uma 'esfera de influência' nas suas fronteiras, enquanto o movimento da OTAN em direcção à Rússia foi a maior expansão de uma esfera de influência em tempos de paz, uma esfera americana; na retirada unilateral do Presidente George W. Bush do Tratado de Mísseis Antibalísticos, que Moscou considerava como a base da sua segurança nuclear, e que levou ao cerco da Rússia com instalações de defesa antimísseis; a separação do Kosovo da Sérvia e a sua virtual 'anexação' pelo Ocidente, com Camp Bondsteel como símbolo, também sob a administração Clinton, que o Kremlin citou como precedente para a 'anexação' da Crimeia em 2014; e nas políticas de mudança de regime de vários presidentes dos EUA, desde o Iraque e a Líbia até, mais sub-repticiamente, Kiev em 2014, contra as que Moscou protestou veementemente e acabou por ver como uma ameaça potencial ao seu próprio governo"*.

Num artigo intitulado "Os vinte anos de expansão da OTAN tornaram alguém mais seguro?", publicado no *The Nation* em 18 de outubro de 2017, Cohen argumentou que a expansão da OTAN incluía duas promessas quebradas à Rússia que o Kremlin nunca tinha esquecido. Em 1990, a administração Bush – e o governo da Alemanha Ocidental – garantiram ao líder soviético Mikhail Gorbachev que, em troca da aceitação pela Rússia de uma Alemanha unida na OTAN, a aliança "não se expandiria nem um centímetro para Leste". A outra promessa quebrada foi revelada quando a OTAN instalou forças terrestres, marítimas e aéreas permanentes perto do solo russo, juntamente com instalações de defesa antimísseis. Montenegro tornou-se membro da OTAN em 2017 e a "porta permanece aberta", afirmaram repetidamente as autoridades norte-americanas, para as antigas repúblicas soviéticas da Geórgia e da Ucrânia. Questionado sobre se a OTAN "alargada" se revelou mais insegura do que segura, Cohen recordou as consequências de várias guerras que a OTAN liderou ou nas quais participaram vários dos seus Estados-membros: a guerra da Sérvia em 1999, que resultou na ocupação pela OTAN e a anexação virtual do Kosovo; a guerra do Iraque de 2003, que foi uma catástrofe humanitária – um número estimado de 654.965 mortes adicionais relacionadas com a guerra, de acordo com um estudo publicado no *The Lancet* em Outubro de 2006 – baseado numa mentira – de que o Iraque tinha "armas de destruição maciça"-; a subsequente guerra contra a Líbia em 2011; a promessa da OTAN de que a Geórgia poderia um dia tornar-se um Estado membro foi a "causa subjacente da guerra Rússia-Geórgia de 2008, na verdade uma guerra por procuração entre os Estados Unidos e a Rússia"; e, por último, as "propostas semelhantes da OTAN à Ucrânia", que "também estão subjacentes à crise naquele país em 2014, que resultou na anexação da Crimeia pela Rússia, na guerra civil ucraniana em Donbass e, de facto, numa outra guerra através de terceiros entre os Estados Unidos e a Rússia."

Num outro artigo - Por que os russos pensam que os EUA estão a travar uma guerra contra a Rússia", publicado no *The Nation* em 20 de dezembro de 2017, Cohen argumentou que "dada esta história, os acontecimentos fatídicos em Kiev em 2014 parecem quase inevitáveis. Para os expansionistas antirrussos da OTAN em Washington, a Ucrânia sempre foi 'o maior prémio' na marcha de Berlim para a Rússia, como declarou francamente Carl Gershman, o chefe da instituição oficial encarregada de conduzir mudanças de regime favoráveis aos EUA, o *National Endowment for Democracy*, e como ficou claro a partir da intervenção dos EUA na anterior 'Revolução Laranja' da Ucrânia em 2004-2005". A deposição do presidente ucraniano, Viktor Yanukovych, no que foi essencialmente um golpe de esatado em fevereiro de 2014, apoiado publicamente por um país alegadamente empenhado em exportar a democracia parlamentar constitucional, e acompanhado por uma presença demonstrativa dos EUA no Maidan, "levou à nova e altamente militarizada Guerra, Fria que agora põe em perigo a segurança americana e internacional." Acima de tudo, Cohen enfatizou a sua crença de que "a nova Guerra Fria é mais perigosa do que sua antecessora, e está a tornar-se ainda mais", como afirmou num artigo publicado no *The Nation* em 6 de junho de 2018. A sua principal razão para esta crença foi que o epicentro político da nova Guerra Fria não estava em Berlim, mas diretamente nas fronteiras da Rússia, desde os Estados Bálticos e a Ucrânia até à Geórgia. Cada uma destas novas frentes de Guerra Fria levantava a possibilidade de uma guerra direta entre os Estados Unidos e a Rússia, as duas superpotências nucleares: "*O que causou esta situação sem precedentes nas fronteiras da Rússia, pelo menos desde a invasão alemã nazi em 1941, foi, naturalmente, a decisão extremamente tola, no final da década de 1990, de expandir a OTAN para o Leste. Esta decisão, tomada em nome da 'segurança', tornou todos os Estados envolvidos mais inseguros*".

Cohen acreditava que o risco de conflito direto era particularmente grave na Ucrânia. Além disso, Cohen argumentou que, ao contrário do que acontecia no passado, quando os defensores da distensão (*détente*) tinham acesso aproximadamente igual aos principais meios de comunicação social, os novos meios de comunicação da Guerra Fria de hoje impunham sua narrativa ortodoxa de que a Rússia era a única culpada. Eles não praticam a diversidade de opiniões e relatos, mas sim o "viés de confirmação" (*confirmation bias*). Vozes alternativas raramente apareciam nos principais jornais mais influentes ou em programas de rádio ou televisão. Não havia praticamente nenhuma oposição significativa no discurso político norte-americano dominante ao papel dos Estados Unidos na Nova Guerra Fria. Cohen temia que esta combinação de fatores sem precedentes conduzisse a uma grande guerra na Europa que poderia evoluir para uma guerra nuclear devastadora.

Para além de Stephen Cohen, poucas vozes no meio académico americano se opuseram à campanha de guerra dos EUA na Europa, embora vários não-académicos de grande autoridade tenham alertado para as consequências da expansão da OTAN, incluindo George Kennan, o arquitecto americano da Guerra Fria, Malcolm Fraser, antigo primeiro-ministro australiano, e William Burns, ex-embaixador dos EUA na Rússia, ex-secretário de Estado adjunto e diretor da CIA. Kennan advertiu, há uma geração, que "uma expansão da OTAN seria o erro mais fatal da política americana em toda a era pós-Guerra Fria" porque "tal decisão pode inflamar tendências nacionalistas, antiocidentais e militaristas na opinião pública russa, o que tem um efeito adverso no desenvolvimento da democracia russa; restaurar a atmosfera da Guerra Fria nas relações Leste-Oeste e empurrar a política externa russa em direções que decididamente não são do nosso agrado". Burns alertou num telegrama confidencial enviado em 2008 ao Estado-Maior Conjunto, à aliança cooperativa OTAN-União Europeia, *NATO-European Union Cooperative*, ao Conselho de Segurança Nacional, ao Secretário da Defesa e ao Secretário de Estado que, "após uma primeira reação silenciosa à intenção da Ucrânia de procurar um Plano de Ação para a Adesão à OTAN na cimeira de Bucareste, o Ministro dos Negócios Estrangeiros russo, Lavrov, e outros altos funcionários, reiteraram sua forte oposição, enfatizando que a Rússia veria uma maior expansão nesta área como uma potencial ameaça militar".

Fraser alertou em 2014 que a expansão da OTAN para o Leste era "provocativa, imprudente e um sinal muito claro para a Rússia: não estamos dispostos a torná-la um parceiro cooperativo na gestão dos assuntos europeus ou mundiais; exerceremos o poder que temos à nossa disposição e você terá que aturar isso". Além disso, acrescentou: "Há outro aspecto nisto que deverá deixar as potências ocidentais ainda mais preocupadas com o futuro. Os Estados Unidos embarcaram no que muitos consideram uma política tola e perigosa no Pacífico Ocidental: uma política de contenção da China". Fraser temia que "as políticas equivocadas dos EUA e o drama que se desenrola na Ucrânia" acabassem por "empurrar a Rússia e a China para uma parceria estratégica". Um dos poucos colegas de Cohen no meio académico que ousou desafiar o novo consenso da Guerra Fria foi John J. Mearsheimer. Num artigo publicado na *Foreign Affairs* em agosto de 2014, Mearsheimer argumentou que "os Estados Unidos e os seus aliados europeus partilham a maior parte da responsabilidade" pela crise da Ucrânia, porque "a raiz do problema é o alargamento da OTAN, o elemento central de uma abordagem mais ampla e estratégica para retirar a Ucrânia da órbita da Rússia e integrá-la no Ocidente. Ao mesmo tempo, a expansão da União Europeia para Leste e o apoio do Ocidente ao movimento pró-democracia na Ucrânia, começando com a Revolução Laranja em 2004, foram também elementos críticos. Desde meados da década de 1990, os líderes russos têm-se oposto fortemente ao alargamento da OTAN e, nos últimos anos, deixaram claro que não ficariam de braços cruzados enquanto o seu vizinho estrategicamente importante se tornasse um reduto occidental".

O professor Mearsheimer é um apoiante do imperialismo norte-americano - daí a utilização da expressão "movimento pró-democracia", que nesse contexto é um termo propagandístico - que, no entanto, considera uma loucura a política provocativa de expansão da OTAN, porque levou à atual guerra na Ucrânia e porque obriga os Estados Unidos a desviar recursos para uma guerra contra a Rússia, em vez de os concentrar no combate à China — como os Estados Unidos deveriam fazer, segundo Mearsheimer. Mearsheimer merece crédito especial por listar as etapas da política externa dos EUA que resultaram na adesão sub-reptícia da Ucrânia à OTAN desde 2014. A 20ª Cimeira da OTAN realizada em Bucareste, Roménia, de 2 a 4 de abril de 2008, emitiu uma declaração afirmando: "A OTAN dá as boas-vindas às aspirações atlânticas da Ucrânia e da Geórgia mediante sua adesão à OTAN. Concordamos hoje que estes países se tornarão membros da NATO". Isto resultou na guerra russo-georgiana de agosto de 2008, na qual o presidente georgiano Mikhel Saakashvili, um protegido de Washington, lançou um ataque militar repentino contra o protetorado russo da Osétia do Sul, dentro da Geórgia. A Rússia interveio, vencendo aquela que foi a primeira guerra por procuração entre os Estados Unidos e a Rússia nas suas fronteiras, prenunciando a atual guerra na Ucrânia.

.Essa derrota não impediu os Estados Unidos de tornarem gradualmente a Ucrânia num Estado membro de fato da NATO, não só fornecendo armas e informações aos militares ucranianos, mas também conduzindo exercícios militares conjuntos anuais, tanto em terra como no mar. O Exercício *Rapid Trident*, realizado na base militar de Yavoriv, foi descrito no site do 7º Comando de Treinamento do Exército como "um exercício europeu do Exército Europeu dos Estados Unidos —*U.S. Army Europe*— "organizado pela Ucrânia e concebido para melhorar a interoperabilidade conjunta entre países aliados e parceiros" e como "um evento culminante para as tropas ucranianas", que "valida o desenvolvimento do Centro de Treino de Combate Yavoriv no Centro para a Manutenção da Paz e Segurança (*International Peacekeeping and Security Center*)" — um eufemismo para uma base militar. A "participação da Sexta Frota dos Estados Unidos no próximo exercício anual *Sea Breeze* 2021, organizado em conjunto com a Marinha Ucraniana" no Mar Negro, foi formalmente anunciada no site da Marinha dos Estados Unidos, de 28 de junho a 10 de julho na região do Mar Negro e se concentrará em múltiplas áreas de guerra, incluindo guerra anfíbia, guerra de manobra terrestre, operações de guerra, mergulho, operações de interdição marítima, defesa aérea, integração de operações especiais, guerra antissubmarina e operações de busca e salvamento". A Marinha dos EUA vangloriou-se de que "o exercício *Sea Breeze* reúne a maioria das nações do Mar Negro e aliados e parceiros da OTAN para treinar e operar com membros da OTAN, a fim de desenvolver maior capacidade"

O comunicado da Cimeira de Bruxelas da OTAN emitido em 14 de junho de 2021 declarou: "Reiteramos a decisão tomada na Cimeira de Bucareste de 2008 de que a Ucrânia se tornará membro da Aliança com o Plano de Ação para a Adesão (MAP) como parte integrante do processo; reafirmamos todos os elementos dessa decisão, bem como das decisões subsequentes". E a Carta de Parceria Estratégica EUA-Ucrânia, assinada cinco meses depois, em 10 de novembro de 2021, repetiu a mesma declaração provocativa, "guiada pela Declaração da Cimeira de Bucareste do Conselho do Atlântico Norte da OTAN de 3 de abril de 2008 e conforme reafirmado na Declaração da Cimeira de 14 de junho de 2008, e o comunicado do Conselho do Atlântico Norte da OTAN de 2021 na Cimeira de Bruxelas, os Estados Unidos apoiam o direito da Ucrânia de decidir o seu próprio curso futuro de política externa livre de interferências externas, incluindo as aspirações da Ucrânia de aderir à OTAN". Finalmente, uma "ficha informativa dos Estados Unidos sobre a cooperação em segurança com a Ucrânia" divulgada pelo Gabinete de Assuntos Político-Militares do Departamento de Estado, em 15 de junho de 2022, declarou publicamente que "desde 2014, os Estados Unidos forneceram mais de 8,3 bilhões de dólares em assistência de segurança para formação e equipamento. para ajudar a Ucrânia a preservar a sua integridade territorial, proteger as suas fronteiras e melhorar a interoperabilidade com a OTAN".

O fortalecimento das Forças Armadas Ucranianas pelos Estados Unidos e pela OTAN tornou-as no segundo maior exército, em termos numéricos, da Europa, depois da Rússia, e em alguns aspectos, equivalente ao exército russo. Como argumentou Christopher Caldwell, "zombar do desempenho da Rússia no campo de batalha é equivocado" porque "a Rússia não está enfrentando um corajoso país agrícola com um terço do seu tamanho; posiciona-se, pelo menos por agora, contra as avançadas armas económicas, cibernéticas e de guerra da que a OTAN fornece à Ucrânia". Enquanto isso, "os Estados Unidos estão tentando manter a ficção de que armar os aliados não é o mesmo que entrar em combate", quando na realidade "assim como é fácil cruzar a linha entre ser fornecedor de armas e ser combatente, é é fácil cruzar a linha entre travar uma guerra por procuração através de terceiros e passar a travar uma guerra secreta", porque "um país que tenta travar tal guerra corre o risco de passar de uma participação parcial para uma participação total". O objetivo do imperialismo norte-americano ao pressionar a adesão da Ucrânia à OTAN tem sido, segundo Johnstone, "obstruir a crescente parceria económica entre a antiga União Europeia, especialmente a Alemanha e a Rússia". Para esse efeito, os Estados Unidos esperam utilizar a revolução do gás de xisto para enfraquecer a Rússia, substituindo pelo gás natural liquefeito dos EUA, obtido através do *fracking*, as reservas de gás natural da Rússia, com um custo enorme para as economias dos Estados Unidos. A nova "cortina de ferro" é "destinado a atingir o objetivo enunciado em 1997 por Zbigniew Brzezinski em *O Grande Tabuleiro de Xadrez* (*The Grand Chessboard*): manter o continente euroasiático dividido para perpetuar a hegemonia mundial dos Estados Unidos. A velha Guerra Fria serviu esse propósito, consolidando a presença militar e a influência política dos EUA na Europa Ocidental. Uma nova Guerra Fria pode impedir que a influência dos Estados Unidos seja diluída pelas boas relações entre a Europa Ocidental e a Rússia".

Essa série de medidas provocativas da OTAN, juntamente com sinais de uma iminente ofensiva ucraniana contra o Donbass — cujos habitantes russos tinham sofrido forte repressão nas mãos do regime de Kiev pós-2104 — acabou por resultar na eclosão da atual guerra na Ucrânia em 24 de fevereiro 2022. Seis semanas após o início da guerra, em 6 de abril de 2022, o Secretário-Geral da OTAN, Jens Stoltenberg, declarou: "*Na verdade, a OTAN estava muito bem preparada quando a Rússia invadiu a Ucrânia pela segunda vez e, no dia da invasão, ativamos os nossos planos de defesa, destacamos milhares de tropas adicionais para a parte oriental da Aliança. Existem atualmente 40.000 soldados sob o comando da OTAN na parte oriental da Aliança. E há mais tropas dos EUA na Europa, 100.000 no total, e outros aliados também aumentaram a sua presença*". Um artigo publicado no *The Wall Street Journal* em 13 de abril de 2022 trouxe a manchete: "O segredo do sucesso militar da Ucrânia: anos de treinamento da OTAN". Segundo seu autor, "os esforços pouco promovidos dos países da Aliança do Atlântico Norte" tinham "transformado os militares ucranianos de cima a baixo, da infantaria ao Ministério da Defesa à supervisão no parlamento", através de cursos e "exercícios envolvendo pelo menos 10.000 soldados por ano durante mais de oito anos". Esta "ajuda ocidental, embora nunca secreta, não foi alardeada para evitar que a Rússia ficasse indignada". Desde 2016, "oficiais ocidentais" concentraram sua ação num centro de treino militar de 150 milhas quadradas na cidade de Yavoriv. De acordo com Michaels, "os exercícios anuais organizados em Yavoriv pelos militares dos EUA, apelidados de *Rapid Trident*, permitiram que os soldados ucranianos treinassem com forças de até uma dúzia de países". Além disso, oficiais ucranianos foram convidados, em 2018, para observar grandes exercícios da OTAN na Alemanha e "foram realizadas reuniões semanais de coordenação em Kiev", nas quais "ucranianos e aliados ocidentais concentraram o seu treino". O resultado foi que "as forças de Kiev aprenderam a travar a guerra de acordo com as regras da OTAN".

De acordo com o *Financial Times*, "Washington preparou uma ajuda sem precedentes de 54 bilhões de dólares desde o início da guerra". Isto representa o perigo de uma guerra por procuração prolongada e cada vez mais selvagem contra a Rússia, com o imperialismo norte-americano e os seus satélites da OTAN a fornecerem os canhões e a Ucrânia a fornecer a bucha de canhão. Levados pela onda da histeria da guerra, a Finlândia e a Suécia revogaram as suas políticas de neutralidade e candidataram-se para aderir à OTAN. Um artigo na *New Left Review* descreveu o significado real desta mudança política da seguinte forma: "*Um comentador de direita escreveu recentemente que, ao aderir à OTAN, a Suécia estava finalmente a tornar-se um 'país ocidental normal'. Ele então fez uma pausa para considerar se o governo aboliria em breve o* Systembolaget, *ou monopólio estatal de bebidas alcoólicas. Aqui está um vislumbre do que realmente significa 'juntar-se ao Ocidente': juntar-se a um bloco de poder liderado pelos EUA e ao mesmo tempo eliminar quaisquer instituições nominalmente socialistas, um processo que já está em curso há décadas*".

Um artigo do *Financial Times* repleto da habitual litania de banalidades observou corretamente que desde a reunificação da Alemanha e o colapso da URSS, 12 países aderiram à OTAN, que três deles — os Estados Bálticos — eram antigas repúblicas soviéticas, e que outros sete eram antigos membros da aliança militar do

Pacto de Varsóvia, liderada por Moscou. O flanco oriental da NATO está hoje 1.100 quilómetros mais perto do Kremlin do que a fronteira da Alemanha Ocidental estava em 1989. E, no entanto, o resultado tem sido um continente com mais armas e soldados em alerta máximo do que nunca visto durante décadas, mas sem os acordos que proporcionavam garantias da Guerra Fria. "A Europa está indiscutivelmente menos segura hoje do que em qualquer momento desde 1945", concluía o artigo. Por fim, um artigo publicado no *The New York Times* em 20 de junho de 2022, com a manchete "A América não está realmente em guerra na Ucrânia?", identificou claramente o conflito ucraniano como uma guerra por procuração dos Estados Unidos contra a Rússia: "Estamos em guerra na Ucrânia? Se estivéssemos na posição do outro, se as autoridades russas admitissem ter ajudado a assassinar alguns generais americanos ou a afundar um navio da Marinha dos EUA, duvido que isso nos parecesse ambíguo".

A tentativa corajosa de Cohen de fornecer uma visão alternativa das origens da Nova Guerra Fria centrou-se demasiado fortemente no conflito EUA-Rússia e nas correspondentes guerras por procuração na Geórgia, Síria e Ucrânia, em detrimento do contexto global mais amplo dentro do qual ocorreram estes confrontos militares e económicos, nomeadamente o conflito entre os Estados Unidos e a China. Cohen era um académico liberal americano e comportou-se como tal, permanecendo dentro dos limites da sua disciplina, os estudos russos, e evitando qualquer análise ou mesmo reconhecimento do imperialismo norte-americano. Embora a sua preocupação sobre uma possível aniquilação nuclear seja louvável, uma visão "centrada na Rússia" da política externa dos EUA é demasiado estreita. Tal como o conflito EUA-Rússia, o conflito EUA-China é inteiramente *Made in the USA*: não há mais razões para a expansão da OTAN na Europa Oriental do que a "liberdade de patrulhas de navegação" da Sétima Frota de Estados Unidos no Estreito de Taiwan, sendo ambos apenas o resultado de uma política agressiva unilateral seguida pelo imperialismo norte-americano.

Os políticos americanos têm afirmado repetidamente que, como escreveu Hillary Clinton, o século XXI é o "Século do Pacífico da América" e que "o futuro da política será decidido na Ásia, não no Afeganistão ou no Iraque, e a América estará exatamente no centro da ação". Esta política de "pivô para a Ásia" ou "eixo na Ásia" (*"pivot to Asia"*), formulada pela administração democrata Obama, mas levada ao paroxismo pela administração republicana Trump, é o verdadeiro eixo em torno do qual gira a atual política externa do governo dos Estados Unidos. Existe uma enorme disparidade de recursos económicos entre os Estados Unidos e a Rússia. Em 2020, a Rússia tinha um Produto Interno Bruto (PIB) de 1,48 trilhões de dólares, o que equivale a 7% do PIB dos Estados Unidos de 20,94 trilhões de dólares nesse mesmo ano. Em 2018, a Rússia tinha o tamanho económico do Texas, que é apenas um dos cinquenta estados americanos e não o maior — esse título vai para a Califórnia. Dadas as disparidades demográficas, os texanos desfrutaram, portanto, de um PIB per capita de cerca de 58.000 dólares, seis vezes os 8.700 dólares dos russos. Desde então, o PIB do Texas excedeu o da Rússia em mais de 300 bilhões de dólares. Estas enormes disparidades de riqueza entre os Estados Unidos e a Rússia têm consequências militares: os gastos militares dos EUA ascenderam a 801 bilhões de dólares em 2021, enquanto os gastos militares da Rússia no mesmo ano ascenderam a 66 bilhões de dólares, ou seja, 8,2% do orçamento de "defesa" dos EUA.

Em contrapartida, a China teve um PIB de 14,72 bilhões de dólares em 2020, o que equivalia a 70% do PIB dos Estados Unidos e dez vezes o da Rússia. Além disso, as bases demográficas para o crescimento futuro nos três países são muito diferentes. Os Estados Unidos tinham uma população de 331 milhões de pessoas em 2020, enquanto a China tinha uma população de 1,44 bilhões de pessoas — 4,35 vezes mais — e a Rússia tinha uma população de 144 milhões, um décimo da população da China. A China aparecerá cada vez mais como o maior concorrente dos Estados Unidos no mercado mundial e, portanto, potencialmente também na política internacional, deixando a Rússia muito para trás em ambos os aspectos. Daí a política dos EUA de "conter a China", a viagem provocativa de Nancy Pelosi a Taiwan e o abandono da política de "Uma só China" por Biden, bem como os esforços frenéticos dos EUA para negar à China o acesso aos chips e à tecnologia avançada de fabrico de chips. A análise presciente de Stephen F. Cohen sobre as origens daquilo que ele chamou de "Nova Guerra Fria" mostra o conflito na Ucrânia na sua verdadeira luz, como uma reação à expansão da OTAN liderada pelos EUA na Europa Oriental. Mas a análise de Cohen sobre a Nova Guerra Fria manteve-se estritamente no quadro das relações externas, isto é, sobretudo de questões diplomáticas e militares, evitando deliberadamente uma análise do imperialismo norte-americano, bem como do regime de Putin e da nova Rússia. Cohen estava, é claro, no seu direito de fazê-lo. No entanto, a recente evolução dos acontecimentos no conflito ucraniano levanta agudamente algumas destas questões, em particular a questão sensível: será a atual guerra na Ucrânia um choque entre dois imperialismos, ou seja, será imperialista a atual formação socioeconômica russa?

O capitalismo tem muitas determinações, mas, desde o final do século XIX, o imperialismo tem sido a determinação suprema que engloba todas as outras. É por isso que qualquer análise dos acontecimentos contemporâneos que tome como ponto de partida algum princípio abstrato, como a democracia parlamentar ou as liberdades democráticas que ela supostamente defende, em vez dos interesses do imperialismo, será inevitavelmente vítima da propaganda imperialista. Na verdade, desde que o presidente Woodrow Wilson pediu ao Congresso que os Estados Unidos interviessem na Primeira Guerra Mundial "para tornar o mundo seguro para a democracia", o imperialismo norte-americano tem preferido oprimir e explorar outros países sempre que possível, através de instituições democrático-burguesas. O imperialismo implica opressão nacional, mas não deve ser confundido com ela. O Iraque sob Saddam Hussein oprimiu e massacrou os curdos, mas isso não fez do Iraque um país imperialista, tal como a opressão e o massacre da população tâmil no Sri Lanka não fizeram deste último um país imperialista. Além disso, a própria opressão nacional não deve ser confundida com ocupação militar e massacres, embora muitas vezes assuma essa forma.

Na verdade, apesar do seu arsenal nuclear e de outros remanescentes da era soviética – a Rússia lidera a Organização do Tratado de Segurança Coletiva, onde atua como uma espécie de força policial regional na Arménia, Bielorrússia, Cazaquistão, Quirguistão e Tajiquistão – sob uma fachada de grande poder, a Rússia na verdade tem muitas características em comum com uma economia semicolonial, juntamente com alguns vestígios da era soviética, como as indústrias armamentista e espacial, que de qualquer forma estão atrasadas em relação às indústrias dos países imperialistas. Como formação socioeconómica, a Rússia de hoje não é um país imperialista como os Estados Unidos e a Grã-Bretanha, nem uma colónia clássica como a Índia ou a Argentina, mas antes um fenómeno contraditório: um país que fazia parte de uma antiga sociedade operária e camponesa. Um Estado que, após um processo de degeneração burocrática de 70 anos, entrou em colapso e sofreu um brutal processo de restauração capitalista durante a década de 1990. Como resultado, sua produção industrial caiu pela metade e, de 1990 a 1994, a expectativa de vida masculina na Rússia caiu de 65,5 anos para 57,3 anos, número inferior ao da Índia, do Egito ou da Bolívia. Isto implicou não só o enriquecimento de alguns à custa de mergulhar a grande maioria da população russa na miséria, mas também uma profunda humilhação nacional. O regime bonapartista de Putin surgiu como resultado de todas estas contradições, como uma variante do bonapartismo provocada pela restauração mafiosa da propriedade privada durante a era Iéltsin – incluindo a colonização do país pelo capital imperialista – por um lado, e por outro, a pressão militar e diplomática do imperialismo norte-americano. O seu principal objetivo é arbitrar o processo de restauração capitalista de tal forma que evite não só o colapso do Estado — o que implicou o confronto com sectores da "oligarquia"— mas também a desintegração nacional da Rússia.[2]

Uma das fontes duradouras do apoio popular ao regime de Putin é que este pôs fim ao desmantelamento da Rússia através da re-centralização do poder estatal e da renacionalização das suas principais fontes de divisas, particularmente gás e petróleo, através da *Gazprom* e da *Rosneft*, um processo que levou a um confronto com o

---

2 Na verdade, tal possibilidade foi teorizada como um objetivo por figuras importantes da política externa dos EUA, como Zbigniew Brzezinski, que em 1997 fantasiou sobre o "alargamento da NATO e da União Europeia", para incluir "entre 2005 e 2010, a Ucrânia", um "alargamento" acompanhado pela divisão da Rússia em três Estados fantoches: "uma Rússia Europeia, uma república Siberiana e uma república do Extremo Oriente". Este "sistema político descentralizado", juntamente com uma "economia de mercado livre", teria supostamente "libertado o potencial criativo do povo russo e os vastos recursos naturais da Rússia", abrindo-os assim às empresas norte-americanas.

oligarca Mikhail Khodorkovsky, que queria apropriar-se desses recursos para seu próprio benefício pessoal e de seus parceiros americanos. Do exposto conclui-se que um pré-requisito essencial para uma solução para o conflito na Ucrânia é o o desmantelamento da OTAN como esfera militar de influência do imperialismo norte-americano na Europa, bem como a retirada das tropas e mísseis nucleares dos EUA do continente europeu. O mesmo se aplica à União Europeia, que é mais um instrumento do imperialismo norte-americano, como nos lembra Perry Anderson: "A expansão para o Leste foi dirigida por Washington: em todos os casos, os antigos satélites soviéticos aderiram à OTAN, sob o comando do Estados Unidos, antes de serem admitidos na União Europeia". Só depois do desmantelamento das instituições militares e políticas que transformaram os países europeus em Estados vassalos do imperialismo norte-americano3 será possível falar de uma verdadeira autodeterminação nacional para a Ucrânia, incluindo a possibilidade de criar uma federação continental para evitar a eclosão de novas guerras no futuro.

---

3 Sarah Wagenknecht, membro do Bundestag pelo *Die Linke* desde 2009, denunciou o governo alemão num discurso em 8 de setembro de 2022 como "o governo mais estúpido da Europa", argumentando que a sua política atual é definida em Washington e dizendo: "*Make America great again*? Uma estratégia cara para um governo alemão!".

REFERÊNCIAS BIBLIOGRÁFICAS

1. Abelow, B. 2022. *How the West Brought War to Ukraine: Understanding How U.S. and NATO Policies Led to Crisis, War, and the Risk of Nuclear Catastrophe*. Great Barrington, MA, Siland Press.
2. ALL Gaming Exploits. (2013, 13 de dezembrro). Victoria Nuland's Admits Washington Has Spent $5 Billion to "Subvert Ukraine" [video]. YouTube. https://youtu.be/U2fYcHLouXY
3. Anderson, P. (2009). *The New Old World*. Verso, Londres.
4. Biden, J. R., y Carpenter, M. (2018). How to Stand Up to the Kremlin: Defending Democracy Against Its Enemies. *Foreign Affairs, 97*(1), 44-50, 51-57. https://www.jstor.org/stable/44822013
5. Brzezinski, Z. (1997). A Geostrategy for Eurasia. *Foreign Affairs, 76*(5), 50-64. https://doi.org/10.2307/20048199
6. Bundestag. (2022, 8 de setembro). *Deutscher Bundestag. Stenografischer Bericht. 20. Wahlperiode. 51. Sitzung Berlin, Donnerstag, den*. https://dserver.bundestag.de/btp/20/20051.pdf
7. Burns, W. (2008, 1º de fevereiro). *Nyet* Means *Nyet*: Russia's NATO Enlargement Redlines. Ambassador [of the United States to the Russian Federation] William J. Burns to the Joint Chiefs of Staff, the NATO-European Union Cooperative, the National Security Council, the Russia Moscow Political Collective, the Secretary of Defense and the Secretary of State. *State Department via WikiLeaks*. https://wikileaks.org/plusd/cables/08MOSCOW265_a.html

8. Caldwell, C. (2022, 31 de maio). The War in Ukraine May Be Impossible to Stop. And the U.S. Deserves Much of the Blame. *The New York Times*. https://www.nytimes.com/2022/05/31/opinion/us-ukraine-putin-war.html

9. Chotiner, I. (2014, 2 de março). "Meet Vladimir Putin's American Apologist." *The New Republic*. https://newrepublic.com/article/116820/vladimir-putin-defended-american--leftist

10. Clinton, H. (2011). America's Pacific Century: The Future of geopolitics will be Decided in Asia, not in Afghanistan or Iraq, and the United States should be Right at the Center of the Action. *Foreign Policy, 189*, 56-63. https://www.jstor.org/stable/41353253

11. Cohen, S. F. (1973). *Bukharin and the Bolshevik Revolution: A Political Biography 1888-1938*. Alfred A. Knopf, Nova York.

12. Cohen, S. (2014a, 1º de abril). "Cold War Again: Who's Responsible?" *The Nation*. https://www.thenation.com/article/archive/cold-war-again-whos-responsible/

13. Cohen, S. (2014b, 12 de fevereiro). "Distorting Russia." *The Nation*. https://www.thenation.com/article/archive/distorting-russia/

14. Cohen, S. (2014c, 27 de agosto). "Patriotic Heresy vs. the New Cold War." *The Nation*. https://www.thenation.com/article/archive/patriotic-heresy-vs-new-cold-war/

15. Cohen, S. (2015, 14 de abril). "Why We Must Return to the US-Russian Parity Principle: The Choice Is Either a New Detente or a More Perilous Cold War." *The Nation*. https://www.thenation.com/article/archive/why-we-must-return-us-russian-parity-principle/

16. Cohen, S. (2017a, 18 de outubro). "Have 20 Years of NATO Expansion Made Anyone Safer?" *The Nation*. https://www.thenation.com/article/archive/have-20-years-of-nato-expansion-made-anyone-safer/

17. Cohen, S. (2017b, 24 de agosto). "The Lost Alternatives of Mikhail Gorbachev." *The Nation*. https://www.thenation.com/article/archive/the-lost-alternatives-of-mikhail--gorbachev/

18. Cohen, S. (2017c, 11 de outubr). "The New Cold War Is Already More Dangerous Than Was Its Predecessor." *The Nation*. https://www.thenation.com/article/archive/the-new-cold-war-is-already-more-dangerous-than-was-its-predecessor/

19. Cohen, S. (2017d, 20 de dezembro). "Why Russians Think 'America Is Waging War against Russia.'" *The Nation*. https://www.thenation.com/article/archive/why-russians-think-america-is-waging-war-against-russia/

20. Cohen, S. (2018a, 3 de janeiro). "Four Years of Ukraine and the Myths of Maidan." *The Nation*. https://www.thenation.com/article/archive/four-years-of-ukraine-and-the--myths-of-maidan/

21. Cohen, S. (2018b, 6 de junhjo). "The Necessity of a Trump-Putin Summit." *The Nation*. https://www.thenation.com/article/archive/necessity-trump-putin-summit/

22. Cohen, S. F. (2019). *War with Russia? From Putin and Ukraine to Trump and Russiagate*. Hot Books.

23. Day, R. B. y Gaido, D. (2012). *Discovering Imperialism: Social Democracy to World War I*. Brill.

24. Defense Visual Information Distribution Service. (2020). *What is Exercise Rapid Trident?* 7th Army Training Command. https://www.7atc.army.mil/RapidTrident/

25. Foy, H. (2022, 3 de maio). NATO's Eastern Front: Will the Military Build-up Make Europe Safer? The Continent has more Soldiers and Weapons on High Alert than in Decades but without the Cold War Agreements that Provided Reassurance. *Financial Times*. https://www.ft.com/content/a1a242c3-9000-454d-bec7-c49077b2cc6c

26. Fraser, M. (2014, 3 de março). Ukraine: There's no Way out Unless the West Understands its Past Mistakes. *The Guardian*. http://www.theguardian.com/commentisfree/2014/mar/03/ukraine-theres-no-way-out-unless-the-west-understands-its-past-mistakes

27. Gershman, C. (2013, 26 de setembr). Former Soviet States Stand up to Russia: Will the US? *The Washington Post*. https://www.washingtonpost.com/opinions/former-soviet-states-stand-up-to-russia-will-the-us/2013/09/26/b5ad2be4-246a-11e3-b75d-5b7f66349852_story.html

28. Ghodsee, K. y Orenstein M. (2021). *Taking Stock of Shock: Social Consequences of the 1989 Revolutions*. Oxford University Press.

29. Holmes, F. (2018, 17 de abril). Which has the Bigger Economy: Texas or Russia? *Forbes*. https://www.forbes.com/sites/greatspeculations/2018/04/17/which-has-the-bigger-economy-texas-or-russia/

30. Ioffe, J. (2014, 1 de maio). "Putin's American Toady at 'The Nation' Gets Even Toadier." *The New Republic*. https://newrepublic.com/article/117606/stephen-cohen-wrong-russia-ukraine-america.

31. Ishchenko, V. (2016, janeiro). *The Ukrainian Left during and after the Maidan Protests: Study Requested by the Die Linke Delegation in the Left in the European Parliament – GUE/NGL (Gauche unitaire européenne/ Nordic Green Left)*. https://www.cslr.org.ua/wp-content/uploads/2016/01/The_Ukrainian_Left_during_and_after_the.pdf

32. Johnstone, D. (2014, 6 de junho). Washington's Iron Curtain in Ukraine. *Counterpunch*. https://www.counterpunch.org/2014/06/06/washingtons-iron-curtain-in-ukraine-2/

33. Kennan, G. (1997, 5 de fevereiro). A Fateful Error. *The New York Times*. https://www.nytimes.com/1997/02/05/opinion/a-fateful-error.html

34. Kotz, D. y Weir F. (2007). *Russia's Path from Gorbachev to Putin: The Demise of the Soviet System and the New Russia*. Routledge.

35. Kristian, B. (2022, 21 de junho). ¿De verdad Estados Unidos no está en guerra en Ucrania? *The New York Times*. https://www.nytimes.com/es/2022/06/21/espanol/opinion/guerra-ucrania-estados-unidos.html

36. Lynch, L. (2022, 20 de maio). Joining the West. *New Left Review*. https://newleftreview.org/sidecar/posts/joining-the-west?pc=1442

37. Marie, J-J. (2016). *La Russie sous Poutine : au pays des faux-semblants*. Payot.

38. Marie, J. (2022, 16 de março). L'Ukraine hier et aujourd'hui. *Cahiers du mouvement ouvrier*. https://cahiersdumouvementouvrier.org/lukraine-hier-et-aujourdhui/

39. Mearsheimer, J. (2014). Why the Ukraine Crisis is the West's Fault: The Liberal Delusions that Provoked Putin. *Foreign Affairs*, *93*(5), 77-89. https://www.jstor.org/stable/24483306

40. Mearsheimer, J. (2022, 23 de junho). The Causes and Consequences of the Ukraine Crisis: A speech was given at the European University Institute (EUI) in Florence on Thursday, June 16. https://nationalinterest.org/feature/causes-and-consequences-ukraine-crisis-203182

41. Michaels, D. (2022, 13 de dezembro). The Secret of Ukraine's Military Success: Years of NATO Training. *The Wall Street Journal*. https://www.wsj.com/articles/ukraine-military-success-years-of-nato-training-11649861339

42. National Security Archive. (2017, 12 de dezembro). NATO Expansion: What Gorbachev Heard. Declassified Documents Show Security Assurances against NATO Expansion to Soviet Leaders from Baker, Bush, Genscher, Kohl, Gates, Mitterrand, Thatcher, Hurd, Major, and Woerner. https://nsarchive.gwu.edu/briefing-book/russia-programs/2017-12-12/nato-expansion-what-gorbachev-heard-western-leaders-early

43. NATO. (2008, 3 de abril). Bucharest Summit Declaration: Issued by the Heads of State and Government Participating in the Meeting of the North Atlantic Council in Bucharest on 3 April 2008. Press Release. *North Atlantic Treaty Organization*. https://www.nato.int/cps/en/natolive/official_texts_8443.htm

44. NATO. (2021, 14 de junho). Brussels Summit Communiqué: Issued by the Heads of State and Government Participating in the Meeting of the North Atlantic Council in Brussels 14 June 2021. Press Release. *North Atlantic Treaty Organization*. https://www.nato.int/cps/en/natohq/news_185000.htm

45. Nove, A. (1974). Reviews: Stephen F. Cohen, *Bukharin and the Bolshevik Revolution Bolshevik Revolution. A Political Biography 1888-1938. Soviet Studies, 26*(4), 614-616. https://www.jstor.org/stable/150682

46. Schwartz, F. y Kazmin, A. (2022, 28 de maio). What is America's End-Game for the War in Ukraine? *Financial Times*. https://www.ft.com/content/315346dc-e1bd-485c-865b--979297f3fcf5

47. *SIPRI Yearbook*. (2022). *Stockholm International Peace Research Institute: Armaments, Disarmament and International Security*. https://www.sipri.org/sites/default/files/2022-06/yb22_summary_en_v2_0.pdf

48. Stoltenberg, J. (2022, 6 de abril). Doorstep Statement by NATO Secretary General Jens Stoltenberg Ahead of the Meeting of NATO Ministers of Foreign Affairs on 6 and 7 April 2022. *North Atlantic Treaty Organization*. https://www.nato.int/cps/en/natohq/opinions_194326.htm

49. United States Navy. (2021, 21 de junho). U.S. Sixth Fleet Announces Sea Breeze 2021 Participation: From U.S. Naval Forces Europe-Africa/U.S. Sixth Fleet Public Affairs. https://www.navy.mil/Press-Office/News-Stories/article/2664699/us-sixth-fleet--announces-sea-breeze-2021-participation/

50. U.S. Department of State. (2021, 10 de novembro). *U.S.-Ukraine Charter on Strategic Partnership: Media Note, Office of the Spokesperson*. https://www.state.gov/u-s-ukraine-charter-on-strategic-partnership/

51. *U.S. Department of State*. (2022, 15 de junho). U.S. Security Cooperation with Ukraine Fact Sheet. *Bureau of Political-Military Affairs of the Department of State*. https://www.state.gov/u-s-security-cooperation-with-ukraine/

52. Wilson, Woodrow (1917, 2 de abril). *Joint Address to Congress Leading to a Declaration of War Against Germany*. https://www.archives.gov/milestone-documents/address-to-congress-declaration-of-war-against-germany

53. *US-Ukraine Foundation*. (2013, 13 de dezembro). "Assistant Secretary Nuland Speaks at U.S.-Ukraine Foundation Conference".https://geneva.usmission.gov/2013/12/17/assistant-secretary-nuland-speaks-at-u-s-ukraine-foundation-conference/.

54. Wilson, Woodrow (1917, 2 de abril). *Joint Address to Congress Leading to a Declaration of War Against Germany*. https://www.archives.gov/milestone-documents/address-to-congress-declaration-of-war-against-germany

55. Young, C. (2014, 24 de julho). "Putin's Pal." *Slate*. https://slate.com/news-and-politics/2014/07/stephen-cohen-vladimir-putins-apologist-the-nation-just-published-the-most-outrageous-defense-of-the-russian-president.html

56. Бухарин, Н. (2008). Узник Лубянки. Тюремные рукописи Николая Бухарина. Предисловие Сергея Бабурина. Введение Стивена Коэна. Под редакцией Геннадия Бордюгова. АИРО–XXI".

CAPÍTULO II

III

UCRÂNIA-RÚSSIA:
O LADO OCULTO DA GUERRA DA UCRÂNIA

José Menezes Gomes*

* *Professor de Economia na Universidade Federal de Alagoas; coordenador do núcleo alagoano pela auditoria da dívida e membro do Observatório de Políticas Públicas e Lutas Sociais da UFAL.*

Quais são os elementos ocultos por dentro da guerra da Ucrânia? Para investigá-lo, faremos um resgate do processo de retomada do papel do Sistema Monetário Internacional privado, do euro mercado de moedas, sobre os países do bloco soviético, antes da queda do Muro de Berlim e da dissolução da URSS em 1991. Destacaremos que a elevação unilateral dos juros pelo Banco Central dos EUA - FED, em 1979, não atingiu apenas países da América latina, especialmente México e Argentina, que tiveram moratória em 1982, mas também nos países desse bloco. Tal fato impactou esses países e abriu caminho para amplificar a crise econômica e politica que levou a restauração capitalista e deu motivo para que o FMI e Banco Mundial tivessem papéis decisivos na incorporação daqueles países aos mecanismos de mercado e às politicas neoliberais, já em aplicação na Inglaterra e EUA desde o início dos anos 1980. A politica de austeridade iniciada com a criação da União Europeia e do euro, em parte, já existia desde 1991.

Focaremos também que na desintegração da URSS, seu processo de privatização e a formação da propriedade privada comandada pelos oligarcas, tanto a Rússia como os demais países do Leste se submeteram as políticas do Banco Mundial e do FMI, elementos que em 1998 levaram à "crise russa". Resgataremos o processo de constituição da UE, seus objetivos e seus impasses. Ao mesmo tempo, veremos como países que pertenceram ao COMECOM e ao Pacto de Varsóvia, entraram na UE e adotaram e euro e passaram a fazer parte da OTAN, acabaram capturados pela expansão da Alemanha e pelas consequências da política de austeridade da UE. Veremos o quadro da UE e do euro, marcado por crescente endividamento público, mesmo antes da guerra, pelo elevado desemprego, especialmente nos países menos desenvolvidos, pelo baixo crescimento econômico, elevada inflação, elevado endividamento familiar, crescente deslocamento de população dos países do Leste para as economias mais desenvolvidas e retirada de direitos sociais. Observaremos como a Alemanha acabou sendo a grande beneficiada da UE, como essa expansão foi acompanhada pela expansão da OTAN e como a guerra na Ucrânia acabou aprofundando ainda mais o endividamento desses países, comprometendo a possibilidade de cumprirem as metas de pertencimento a UE. A

CAPÍTULO III

guerra na Ucrânia favorece os EUA ao substituírem as exportações russas de gás e petróleo, e através da exportação de armas para Ucrânia e Taiwan. Na última etapa analisaremos como esse conflito funciona como ponta do iceberg da disputa de hegemonia entre EUA e China, e como essa disputa não oferece nenhum benefício para a classe trabalhadora, já que os dois lados pressupõem a manutenção dos mecanismos de extração de mais valia que impulsionam o enriquecimento privado e o empobrecimento social.

O processo de reinserção internacional do bloco soviético, mesmo antes da queda do Muro de Berlim e da desintegração da URSS, em 1991, abriu espaço para a restauração capitalista que levou à sua retomada ampla para a livre exportação de capitais, nas suas várias formas, com ampla atuação das instituições financeiras privadas e das instituições multilaterais, Banco Mundial e FMI. O processo de endividamento externo nos anos 1970/1980 sempre esteve associado aos países subdesenvolvidos, especialmente da América latina e da África, acompanhado das políticas de estabilização e os programas de "ajustes estruturais", enquanto os países da área de influência da URSS estiveram fora das investigações sobre esse tema. Houve semelhanças entre a política de estabilização praticada em vários países da América Latina e da Rússia, demonstrando sua conexão com o processo de endividamento externo desde os anos 1970. Parte desta semelhança se deve ao processo de endividamento ao que os países do antigo bloco soviético estiveram submetidos desde os anos 1970, sob o "guarda-chuva" da URSS. Faremos um rápido resgate do significado do Sistema Monetário Internacional privado, chamado de "euro mercado", e suas consequências para o endividamento externo e submissão destes países às instituições multilaterais. O endividamento desses países, anterior a restauração capitalista, nos permite compreender porque, logo após a queda da URSS, o Banco Mundial e FMI tiveram papel central e porque adotaram políticas de estabilização semelhantes. Vale lembrar que o Brasil, naquele momento, era um país importador de petróleo e a URSS era exportadora.

Na América Latina, a dívida externa, desde 1970, foi investigada e denunciada como responsável por parte dos problemas sociais e econômicos. Todavia, os países do antiguo bloco soviético ficaram de fora dessas análises sobre o impacto do endividamento externo. Os reflexos da política econômica de Reagan nos países deste bloco, a partir dos anos 1980, ficaram mais evidentes com a crise da dívida polonesa e seus desdobramentos políticos. Este momento foi marcado pela incapacidade da Polônia de honrar seus compromissos com os créditos de exportação concedidos pelo Brasil. O Brasil teve envolvimento com a Polônia entre 1977 e 1980, quando o país concedeu US$ 2 bilhões em linhas de crédito para a Polônia, recebendo como garantia as "polonetas", títulos que só poderiam ser resgatados quando o governo polonês tivesse dinheiro para pagar. A dívida da Polônia com o Brasil foi reestruturada no âmbito do acordo do Clube de Paris de 1991. Em 2001 o Banco Central do Brasil e o Ministério das Finanças da Polônia assinaram acordo para o pré-pagamento da dívida com o Brasil, no valor de US$ 2,458 bilhões.

A dissolução da União Soviética em dezembro de 1991 e sua conversão numa economia de mercado se deu com a intervenção do BIRD e do FMI e sua política de estabilização baseada na âncora cambial, que igualou o rublo ao dólar. Tal como no Brasil a introdução da política de estabilização na Rússia exigiu a renegociação da dívida externa. A dívida contraída pela ex União Soviética, com 17 principais países credores, chegava a US$ 65 bilhões em 1991. Metade desta dívida teve seu pagamento congelado ou adiado. Tratava-se da dívida contraída antes de janeiro de 1991. Para tanto a URSS aceitou a adoção do Programa de Ajuste Estrutural proposto pelo FMI para o primeiro semestre de 1992. Antes disso, Rússia, Bielorrússia, Cazaquistão, Armênia, Moldávia, Tajiquistão e Turcomenistão assumiram responsabilidade pela dívida da URSS. A Rússia, que não fazia parte das instituições financeiras multilaterais, acabou adotando uma política de estabilização com os principais ingredientes da política praticada especialmente na América Latina: abertura comercial, privatizações das terras e das empresas estatais, renegociação da dívida externa e desmonte das políticas sociais.

É bom lembrar que tudo isso ocorreu no momento em que a economia dos EUA entrava em grande recessão, em 1991, permitindo aos capitais estadunidenses e europeus uma nova área de atuação. Apesar das diferenças existentes entre Brasil[1] e Rússia, o ponto em comum era que ambas suas economias estavam profundamente endividadas desde os anos 1970, em grande parte no sistema monetário internacional privado chamado de "euro mercado de moedas", onde os eurodólares eram majoritários. Quando investigamos a evolução da dívida nos vários países e regiões, no período de 1980 a 2002, verificamos que a dívida da Ásia do Leste teve crescimento de 7,9 vezes. Os países do antigo bloco soviético tiveram crescimento de 7,0 vezes. Os demais países ou regiões tiveram crescimentos menores. Já os países da Ásia do Sul tiveram um crescimento da dívida de 4,4 vezes; os países do Oriente Médio de 3,1 vezes, os países da África Subsaariana registraram 3,4 vezes. A América Latina, onde a dívida externa e depois interna teve efeitos devastadores, teve crescimento de 3,1 vezes. Entre 1980 a 2002, a América Latina sofreu com isso consequências devastadoras para sua economia e finanças públicas; para os países do ex bloco soviético os efeitos da políticas de juros altos dos EUA foram ainda mais devastadores.

Quando comparamos o crescimento do endividamento dos países da América Latina com os países do antigo bloco soviético, constatamos que a expansão da dívida foi muito mais elevada nestes últimos. Considerando que a fonte de em-

---

1 O Brasil teve uma etapa de endividamento externo baseado nas instituições multilaterais, quando os empréstimos privados entraram em colapso, especialmente nos anos 1980.

CAPÍTULO III

préstimos era a mesma, nos resta investigar quais foram os fatores que permitiram essa diferença. Para a Rússia, em especial, tivemos vários fatores. O primeiro foi resultado da própria característica dos empréstimos vindos do mercado privado, baseados em taxa de juros flutuante, que acabaram por permitir o repasse dos efeitos da política de juros altos dos EUA desde 1979 - quando a taxa básica dos EUA subiu de 5% para 20% ao ano - sobre a dívida externa e a dívida pública russas. É bom lembrar que, antes da restauração capitalista, na URSS não existia setor privado. A privatização das empresas estatais e das propriedades coletivas restauraram a propriedade privada, que em grande parte ficou com os oligarcas. Neste momento temos que investigar como ocorreu a transmissão das dívidas das empresas estatais para o Estado russo, enquanto o setor privado que surgia ficava sem estas dívidas e com o patrimônio estatal.

O segundo momento é constituído pelas consequências da introdução da economia de mercado e a adoção da âncora cambial como instrumento de combate a inflação, quando o rublo foi igualado ao dólar, como ocorreu na Argentina com o Plano de Convertibilidade ou "Plano Cavallo", que impulsionou um grande endividamento público. Esse processo de amplificação da dívida pública foi registrado, especialmente no México, Argentina2 e Brasil. A terceira etapa foi a crise russa de 1998, quando se impulsionou o fim da sua âncora cambial. A restauração do capitalismo na Rússia e nos demais países do bloco do Leste representou a retomada de mercado para a exportação de capital, que passava por uma etapa de crise de superprodução. Todavia, a restauração capitalista abriu caminho para que em 1998 a Rússia fosse protagonista de uma grande crise que culminou numa moratória, com grande impacto na economia mundial. O colapso vivido pela Rússia teve sua origem no fracasso do modelo de desenvolvimento introduzido com essas reformas, em particular com a expansão da dívida pública, fruto dos juros altos praticados para tentar garantir a âncora cambial, somado aos compromissos para concluir os pagamentos das dívidas junto ao Clube de Paris, frutos dos empréstimos feitos no euro mercado de moedas, seja diretamente pela Rússia ou pelos países que faziam parte do bloco, com garantia russa.

A crise asiática de 1997 contribuiu para o episódio russo de 1998, já que gerou uma retração do crédito e a queda no preço das commodities (agrícolas, minerais e energéticas) exportadas por aquele país. Assim, sem conseguir novos empréstimos para pagar as dívidas com vencimento de curtíssimo prazo, que ultrapassavam os US$ 40 bilhões, nem as de curto prazo, que chegavam a US$ 80 bilhões (até o fim de 1999), Rússia decretou uma moratória da sua dívida externa e desvalorizou o rublo. Segundo Giron, a partir de 1987 a Rússia usou o endividamento externo como estratégia para fomentar sua mudança para uma economia de mercado.

---

2 A dimensão desse endividamento na Argentina, fruto da igualação do peso ao dólar, levou a moratória de 2001.

Quando o preço do barril do petróleo chegou a cair até US$ 10, em 1998, isso reduziu sensivelmente o valor das exportações russas, e comprometeu sua capacidade de honrar os compromissos externos. Na Rússia de 1998, 50% das transações eram realizadas por escambo, fenômeno inédito na economia moderna. Em agosto de 2006, Rússia declarou ter feito pagamento antecipado da dívida da extinta URSS no valor de US$ 22 bilhões, sendo a maior parte, de US$ 21,3 bilhões, junto ao Clube de Paris. Tal iniciativa foi possível devido a elevação do preço do petróleo, oito anos após a ocorrência da crise russa. Em seguida a agência de risco Fitch Ratings elevou a classificação de risco da Rússia do nível BBB para BBB+, com perspectiva estável. O país, seja na fase da URSS ou na da Rússia, sempre houve uma política de aceitação das regras do jogo do Sistema Monetário Internacional.

O Estado russo manteve o rublo em paridade com o dólar, mesmo quando os efeitos da crise asiática de 1997 já eram grandes. As causas do endividamento russo não vêm apenas do fato de ter contraído empréstimos no mercado privado e de ter ficado prisioneira das flutuações da política monetária estadunidense, mas da vulnerabilidade que a Rússia tinha pelo fato de suas exportações se basearem em commodities (petróleo e gás). A exportação de petróleo foi, especialmente durante os anos 1970, uma fonte de obtenção de dólares, particularmente quando ocorreram as duas elevações de preços nos anos 1970. Sendo assim, a capacidade de obtenção de moeda convertível dependia da cotação deste produto. Com isso as chamadas "crises do petróleo", de 1973 e 1979, não afetaram negativamente diretamente a Rússia. No entanto, para os demais países exportadores de petróleo o aumento do preço nesses dois momentos serviu para aumentar o volume de capital inativo no euro mercado de moedas, que em seguida foi reciclado nos países latinos americanos, com suas ditaduras, e nos países do bloco soviético, protegidos pela URSS.

Certamente, além dos já conhecidos motivos que levaram a dissolução da ex-União Soviética, temos que agregar a dependência que estes países tinham do euro mercado de moedas como forma de se obter dólares, não só para garantir os compromissos internacionais com outros países, como também para financiar as importações de determinados bens de capitais. Os países desse bloco não participavam nem do BIRD e nem do FMI, não tinham a disposição um sistema de compensação que permitisse honrar compromissos com sua própria moeda convertível em relação ao restante do mundo capitalista. A existência de um Sistema Monetário Internacional privado acabou sendo a fonte para a obtenção de dólares, e ao mesmo tempo para a possibilidade de se submeter ao dólar e às leis estadunidenses. Para o dólar, que estava em crise desde 1971, a entrada no bloco soviético foi uma conquista e redução de risco, já que a URSS dava garantias aos empréstimos tomados pelos países de sua área de influência.

Inicialmente, o fim da convertibilidade do dólar e o início da flutuação cambial, de 1971 a 1973, seguidos pela crescente inflação e pela desvalorização do dólar, ocasio-

CAPÍTULO III

59

naram a elevação dos preços do petróleo e, por conseguinte, um grande volume de dólares em mãos dos países da OPEP. O euro mercado era o lugar no qual se podiam trocar as principais moedas e emprestá-las a governos e empresas privadas de todo o mundo. Ele se expandiu com o sinal do início da crise de superprodução nos países capitalistas e da manifestação da crise fiscal do Estado. Ele passou a ser a expressão de uma pletora mundial de capitais. Este imenso reservatório de capital inativo vindo de vários países acabou tendo nos países antiguamente soviéticos e da América latina, sob regimes militares, um grande espaço de atuação. A crise das instituições de Bretton Woods (FMI e BIRD) e a afirmação do euro mercado de moedas definiram a transição de um sistema monetário dominado pelos governos, para um sistema orientado pelos grandes bancos privados.3 Ao se expandir, esse sistema monetário, com suas características peculiares, teve impacto não apenas sobre empresas e Estados (especialmente os subdesenvolvidos), mas também sobre os países do antigo bloco soviético.

Com a crise nos países capitalistas, no início dos anos 1970, teve início uma aproximação com países do bloco do Leste, que também estavam em crise. O euro mercado de moedas representou a obtenção de crédito externo para tentar conter sua estagnação econômica e social. Tais empréstimos visavam a obtenção de créditos comerciais e também de empréstimos de médio e longo prazo, para financiar programas de industrialização. O resultado imediato foi a expansão do volume de comércio do Ocidente com aquele bloco, que cresceu de US$ 20 bilhões, em 1979, para mais de US$ 130 bilhões, em 1981, sendo financiado por essae mercado de moedas, realizado principalmente na Alemanha, França e Itália.4. A dívida líquida do bloco cresceu de US$ 7 bilhões, em 1970, para US$ 67 bilhões, em 1981 (valores não atualizados). O deslocamento de capital inativo privado para esse bloco facilitou a transformação do capital inativo em capital produtivo ou estatal, sendo que os Estados assumiram a garantia da totalidade dos rendimentos dos banqueiros. O padrão adotado no processo de industrialização dos países do antigo bloco soviético, naquele momento, era obsoleto e importado do Ocidente, e acabou por depender da importação crescente de insumos, pois se tratava de fábricas prontas que não eram mais competitivas dentro do padrão capitalista de produção dos países desenvolvidos. A exportação dessas máquinas já amortizadas para aqueles países era um grande negócio para os capitalistas.

O mais grave é que os países desse bloco abandonaram a agricultura. Com a crise da dívida, a redução das importações quase paralisou a produção industrial polonesa. A ex - URSS, mesmo sendo considerada "comunista",5 detinha nesse mercado uma credibilidade de primeira classe devida às garantias que oferecia para que

---

3 Esse movimento de privatização do sistema monetário internacional foi tratado por Griffith-Jones e Sunkel.

4 Valores não atualizados

5 Por esse motivo a URSS nada fez para apoiar a mobilização do cartel dos devedores, inicialmente proposto por Cuba e Nicarágua, nos anos 1980.

todos os empréstimos do bloco fossem pagos.6 Em outras palavras, os países do bloco soviético vivenciaram também o caráter financeiro desta dívida, derivado dos efeitos da política econômica de Reagan quando a taxa básica de juros do FED subiu até 20% ao ano. A moratória mexicana e argentina em 1982 e a crise de crédito na economia mundial foram resultados dessa busca de estabilização do dólar, de combate a inflação estadunidense e de garantia da rolagem da dívida pública daquele país. Muito pouco se tem registrado estudos sobre este impacto nos países do antigo bloco soviético, por mais que tenha sido de graves consequências para as finanças públicas desses países. Pode-se se afirmar que dentre as várias armas usadas durante a Guerra Fria, na disputa entre "socialismo real" e capitalismo, a arma financeira foi muito eficiente, no início dos anos 1980.

Também nesses países, a exemplo dos países subdesenvolvidos, o capital-dinheiro que chegava não resultava em investimentos que levassem à conquista do mercado internacional, capaz de gerar reservas suficientes para o pagamento dos compromissos externos. O sistema de dívida pública não estava desenvolvido dentro dos princípios capitalistas típicos. Ao contrário, tentava-se conter a estagnação econômica com o objetivo de desenvolver o atendimento das demandas internas, introduzindo processos de industrialização sobre novas bases. Todavia, como resultado da pressão da dívida externa, o governo burocrático acabou implementando uma política para reduzir salários e demanda interna, visando atender aos desejos dos banqueiros. A saída da Polônia foi tomar mais empréstimos para pagar os anteriores. Dessa forma, o endividamento assumiu um caráter financeiro. O crescente endividamento externo a partir do euro mercado de moedas, amplificado pelos efeitos da política dos juros altos dos Estados Unidos, acelerou uma relação de dependência, já existente entre os banqueiros e seus devedores. A crise da dívida da Polônia sintetizou o exemplo dos efeitos da crise da dívida em sua estrutura política, no início dos anos 1980. Assim, os problemas do sistema capitalista, manifestados na expansão do euro mercado, auxiliaram na antecipação da crise dos países "socialistas". Segundo dados do Banco de Acordos Internacionais (BIS), na década de 1970 os empréstimos do euro mercado de moedas para o antigo bloco soviético chegavam a cerca de US$ 70 bilhões.7

Os mecanismos de vulnerabilidade externa da Rússia e dos demais países da América Latina, suas crescentes fragilidades na gestão de suas respectivas políticas monetárias em relação à estadunidense, repetiram de forma ampliada a necessidade de atrair capital de curto prazo dos anos 1970. Grande parte desta dependência se deveu aos efeitos da crise de superprodução, cada vez mais ace-

---

6 Esse fenômeno ficou conhecido como "teoria do guarda-chuva"; consistia no fato da União Soviética se responsabilizar pelos empréstimos dos países daquele bloco.

7 Valor não atualizado

CAPÍTULO III

lerada, acarretando um endividamento público cada vez maior, comprometendo ainda mais as políticas sociais. Em 2012 a Rússia perdoou 90% da dívida da Coreia do Norte. A dívida restante seria paga em 20 prestações anuais. Perdoou também a dívida de Cuba que era de US$ 35 bilhões, passando para US$ 3,5 bilhões. Os países que pertenceram ao bloco soviético, que aderiram a União Europeia e à OTAN, acabaram entrando num ciclo de endividamento público explosivo, mesmo tendo anteriormente quase zerado suas dívidas junto ao antigo bloco. Tal fato está relacionado com a lógica da União Europeia e os efeitos da crise de 2008 que impactaram na Europa, tendo como referência a Ucrânia, que mesmo antes da guerra já estava hiperendividada.

Como vimos, o endividamento público dos países do bloco soviético foi em grande parte liquidado, tendo em vista a teoria do "guarda-chuva" – a URSS dava garantia aos países de sua área de influência - especialmente devido à exigência do FMI e Banco Mundial de que a Rússia adotasse uma âncora cambial, visando combater a inflação elevada, e adotasse mecanismos econômicos de mercado. Durante a restauração do capitalismo já estava em andamento a desconstrução do Estado de Bem-estar e o neoliberalismo - políticas de austeridade fiscal e de ataque aos direitos sociais - no mundo capitalista. A criação da União Europeia e a adoção do euro representaram uma mudança de orientação e de afirmação da hegemonia alemã, que começou com o Plano Marshall, entre 1947 e 1951, o perdão de sua dívida pública em 1953. A reunificação com Alemanha Oriental aconteceu em outubro de 1990, quando o território da antiga República Democrática da Alemanha foi incorporado à República Federal da Alemanha, após a queda do muro de Berlim. Isso acompanhou o surgimento de um Estado supranacional, com a ideia de que seria um mecanismo de ampliação de fundamentos que estavam contidos na criação do Mercado Comum Europeu, surgidos na fase da reconstrução europeia e da aplicação do Plano Marshall com recursos dos EUA, quando ainda vigorava o chamado "Estado de Bem-estar".

Com isso, a UE,8 que foi pensada no imediato pós Segunda Guerra, se constituiu num mecanismo de proteção dos seus membros dentro das políticas de mundialização do capital, desde os anos 1990, com uma união econômica e política que estabeleceu a livre circulação de pessoas, capitais e mercadorias entre os seus países-membros, além de garantir a segurança e liberdade de sua população, conforme discurso oficial. Tal iniciativa possuiu uma moeda própria, o euro, resultando na eliminação das moedas nacionais, dos bancos centrais nacionais e suas respectivas políticas monetárias nacionais. Também se efetivou a desintegração de instituições consagradas dentro dos Estados nacionais, substituídas pelo Par-

---

8 Sua constituição fez parte da formação de blocos econômicos próprios da mundialização do capital, como o NAFTA (EUA, Canadá e México), o Mercosul, a Associação das Nações do Sudeste Asiático (Asean - do inglês *Association of South East Asian Nations*), *Asia-Pacific Economic Cooperation* (Apec) e BRICS.

lamento Europeu, Conselho Europeu, Conselho da União Europeia, Comissão Europeia. Dentro dessas alterações temos o surgimento de um Tribunal de Justiça e o Banco Central Europeu. Era a continuidade e efetivação de argumentos usados no imediato pós Segunda Guerra Mundial, que afirmavam como fundamento a recuperação conjunta e a retomada da paz entre os países do continente afetados pela guerra. Em outras palavras, a União Europeia tinha como objetivo principal, desde a sua criação, a promoção da paz, dos seus valores e do bem-estar de sua população. Com base nesse conjunto de princípios é que foram estabelecidos os objetivos específicos da UE.

Esses objetivos passaram por uma revisão e atualização, e estão agora dispostos no documento chamado de "Tratado de Lisboa", assinado na capital portuguesa em 2007. São objetivos específicos da UE: livre circulação de pessoas entre os países do bloco; garantia de liberdade, segurança e justiça aos cidadãos europeus; estabelecimento de um mercado interno, com livre circulação de capitais e mercadorias; estabelecimento de uma união monetária (moeda comum) e financeira; criação de condições para o desenvolvimento sustentável; fomento ao progresso da ciência e da tecnologia; combate à exclusão social e às discriminações; proteção e melhorias ao meio ambiente; promoção da coesão social, econômica e territorial entre os países-membros; respeito à riqueza e diversidade linguística e cultural dos seus membros. Todo esse discurso oficial, no entanto, não se confirma quando analisamos o balanço de pagamentos dos países envolvidos, a taxa de crescimento do PIB, o endividamento público, o endividamento familiar, o nível de desemprego, o índice de inflação e os demais indicadores sociais. O que tivemos foi a imposição de uma severa política de austeridade e de destruição de direitos sociais, preparando a UE para o pagamento dos serviços da dívida pública, ao mesmo tempo que os mecanismos de endividamento se tornaram cada vez mais dependentes das instituições financeiras privadas, especialmente dos bancos da Alemanha.

Analisando o que aconteceu na UE, podemos dizer que o combate a exclusão social e as discriminações não se configurou, tendo em vista que os indicadores sociais e tornam cada vez dramáticos em função um baixo crescimento do PIB, além de níveis de desenvolvimento cada vez mais diferenciados dos países-membros, com elevados índices de desemprego, queda da taxa de investimento, endividamento familiar, coesão social cada vez mais ameaçada, com a xenofobia crescente e ascensão dos grupos políticos de origem neofascista, como na Itália e Hungria. Uma consequência importante da elevação do preço do gás e do petróleo para a Europa, que em parte deixou de ser comprado junto a Rússia, sendo substituída pela produção estadunidense, foi a elevação da inflação. Os países mais desenvolvidos da UE tiveram taxas de inflação entre 6,8% e 8,5% (França, Finlândia, Suécia, Itália e Alemanha.) Já os países menos desenvolvidos, em grande parte vindos do Leste europeu, tiveram inflação entre 11,7% a 23,3% (Eslovênia, Croácia, Romênia, Polônia, Hungria, Bulgária, República Tcheca, Lituânia, Letônia e Estônia). Mes-

CAPÍTULO III 63

mo considerando que as taxas de inflação nos países mais desenvolvidos são menores, se trata de uma inflação muito elevada, que retira o poder de compra dos trabalhadores e impulsiona a luta pela reposição. Todavia, foram nos países mais desenvolvidos da Europa onde foram registradas greves de trabalhadores pela reposição das perdas salarias, inclusive greves gerais. Vale lembrar que a inflação na Zona do Euro foi de 8,9%. Em linhas gerais podemos afirmar que a promessa da União Europeia de oferecer estabilidade monetária não se configurou. Sabemos que parte desta inflação resulta da guerra da Ucrânia, que é parte da disputa de hegemonia entre EUA e China, e da substituição do gás e petróleo russo pelo combustível dos EUA. A inflação elevada na UE e nos EUA gerou perdas para os agentes que fazem transações em dólar e euro.

Quando se trata da pobreza e da exclusão social na UE, segundo dados da Eurostat, um em cada cinco cidadãos da UE se encontrava, em 2020, em risco de pobreza ou de exclusão social. Ou seja, 96,5 milhões de pessoas na UE tinham risco de pobreza, representando 21,9% da população. Trata-se de um aumento face aos 21,1% registados em 2019. No que diz respeito à riqueza e variedade linguística e cultural com a livre movimentação de trabalhadores na UE, se observa que pelo elevado fluxo de trabalhadores dos países menos desenvolvidos em direção aos países mais desenvolvidos e com melhores indicadores sociais, temos a adoção de uma nova língua e dos padrões culturais desses países ricos. Neste processo temos uma progressiva perda de identidade cultural com seu Estado-nação original e assimilação da cultura dos países receptores. Quanto a defesa da paz o que observamos é justamente o contrário: a UE submetida à política imperialista dos EUA, que tem na OTAN instrumento para sua expansão nos países do Leste, tendo como objetivo a China.

Tal fato tem levado a um crescimento dos gastos militares da UE, cortando os gastos sociais, enquanto funcionam como bucha de canhão no conflito com a China pela hegemonia mundial. Na Ucrânia, os EUA e a UE são contra os separatistas que tem identidade com a Rússia e não querem entrar na UE, enquanto na China defendem a independência de Taiwan. Mais grave é que a política de austeridade retirou qualquer possibilidade de políticas sociais que restabeleçam a paz e coesão social, já que a UE não nasceu com o objetivo de restabelecer o Estado de bem-estar, mas de impulsionar mecanismo de amplificação do "Sistema da Dívida", enquanto permitiu a Alemanha dominar a Europa. No conjunto temos países que restauraram o capitalismo e acabaram servindo de área de expansão econômica e financeira da Europa, com destaque para a Alemanha, mediante o uso dos mecanismos da União Europeia e do euro. Tal processo de dominação econômica e financeira da Alemanha sobre os países menos desenvolvidos da UE e do Leste resulta dos princípios econômicos que lhe possibilitaram, por ser a maior economia da Europa, com a maior competitividade industrial e força dos seus bancos, dentro da arquitetura financeira nova, um grande superávit no seu balanço de pagamentos.

Alemanha passou a ter um grande superávit do seu balanço de pagamentos, com a assinatura do Tratado de Maastricht e o lançamento do euro, em 1º de janeiro de 1999. Vale lembrar que durante os três primeiros anos, tivemos uma moeda usada apenas para efeitos contábeis e para pagamentos eletrónicos. O início da circulação das moedas e notas do euro ocorreu em 1º de janeiro de 2002, em doze países. Além da Alemanha, tivemos outros países que tiveram ganhos com a UE e o euro. Dentre eles podemos citar a Bélgica, Suécia, Noruega, Holanda. A Bélgica teve superávit do seu balanço de pagamentos desde 1984. Este superávit se elevou depois da criação da UE e do euro, mostrando que essas instituições apenas amplificaram uma posição já existente para a Bélgica. Apenas a ocorrência da crise capitalista de 2008 gerou um pequeno déficit que em seguida foi contornado, mantendo o superávit mas em volume menor. No caso da Suécia podemos observar que antes da UE e do euro seu balanço apresentou um momento de deficit. Todavia, logo após manteve um superávit elevado e regular. A Noruega, desde 1980 a 1986, teve um pequeno superávit.

Os balanços de pagamentos revelam que os países menos desenvolvidos, e até mesmo países desenvolvidos da UE, foram prejudicados. Portugal, pelo seu estágio de desenvolvimento menor dentro da UE se manteve, desde 1980, com um déficit grande até 1984. Durante a fase de implantação da UE esteve próximo do déficit. Todavia, logo após as mudanças registrou um grande déficit até 2018, quando obteve um pequeno superávit. A Inglaterra, enquanto fez parte da UE, apesar de ser um país desenvolvido, teve um déficit persistente do seu balanço de pagamento. A França, também considerada um dos mais desenvolvidos dentro da UE, teve uma fase de superávit de 1992 a 2006, e em seguida passou a registrar deficit, especialmente depois de 2008. A Espanha faz parte dos países que foram perdedores com a UE e com o euro, pois passou a registar déficit externo cada vez maior. Todavia, depois de 2013 obteve um pequeno superávit.

A UE passou cada vez mais a expandir seu endividamento publico, principalmente depois da crise de 2008 e da sua repercussão na Europa. Esse processo de hiperendividamento fica mais claro observando a trajetória dessas dívidas de 1998 a 2018. Segundo as regras do Tratado de Maastricht, um país só poderia ter uma dívida total de até 60% do PIB e um endividamento adicional de 3% por ano. Por essas regras, quem desrespeitar esse limite teria que adotar estratégias de longo prazo visando reduzir o endividamento.[9] Todavia desde 2021, temos 18 países que estouraram esse limite da relação endividamento público / PIB e que deveriam ser multados. Entretanto, mesmo os países que se beneficiaram da existência da UE e do euro como Alemanha, França, Bélgica, também tiveram um endividamento público elevado. A Itália já tinha sofrido recomendação da Comissão Europeia, em julho de 2019, de abertura de procedimento de que poderia levar em multas

---

9 A Itália já tinha sido ameaçada de punição em 2019.

CAPÍTULO III

bilionárias. Esse processo de endividamento levou, em 2021, a que 18 países já tivessem atingido ao limite de endividamento, mesmo aplicando políticas de austeridade. Os países que ultrapassaram o limite da UE para a relação dívida/PIB em 2021 foram: Alemanha 60,3%, Holanda 59,7%, Islândia 75,3%, Reino Unido 87,6%, Portugal 135%, Espanha 118,4%, França 112,6%, Itália 150%, Bélgica 109%, Finlândia 66,2%, Hungria 76,8%, Grécia 194%, Albânia 78,1%, Croácia 87%, Eslováquia 59,7%, Áustria 82,3%, Eslovênia 79,8%, Montenegro 83,3%. Esses dados não englobam a nova expansão do endividamento advinda da continuidade dos gastos com a pandemia e dos gastos militares com a guerra da Ucrânia.

Em outras palavras, a política de austeridade acabou levando a um novo patamar de endividamento público que acabou exigindo um novo patamar de austeridade, que exigirá uma nova referência de dívida/PIB dentro da União Europeia e a adoção de mais políticas de austeridade. Apesar dos objetivos específicos da UE, o que tivemos foi a imposição de uma severa política de austeridade e de destruição de direitos sociais, preparando a UE para o pagamento dos serviços da dívida pública, ao mesmo tempo que os mecanismos de endividamento foram cada vez mais vinculados as instituições financeiras privadas, especialmente, junto aos bancos da Alemanha. A UE passou cada vez mais a expandir seu endividamento público principalmente depois da crise de 2008 e da sua repercussão na Europa em 2014.

A Alemanha, maior economia da UE, teve uma expansão de sua dívida pública bruta[10] de US$ 1,13 trilhões a US$ 2,98 trilhões entre 1998 e 2020, sendo que o nível mais alto dos últimos 22 anos foi atingido em 2011. Em 2020, por outro lado, a dívida era de US$ 2,643 trilhões. O déficit fiscal no mesmo ano foi de US$ 165,9 bilhões. A Holanda elevou seu volume de dívida pública bruta de US$ 213,5 bilhões para US$ 605,5 bilhões entre 1998 e 2021, com variação de 283%. Em 2014 foi registrado o nível mais elevado dos últimos 23 anos. Em 2021, o a dívida era de 529,98 bilhões de dólares. O déficit fiscal no mesmo ano foi de US$ 25,9 bilhões. Fora da UE, na Rússia, que teve moratória em 1998, a dívida pública bruta variou de US$ 83,6 bilhões a US$ 283,9 bilhões entre 1998 e 2020, ou 339%. O nível mais alto dos últimos 22 anos foi alcançado em 2014. Em 2020, o passivo era US$ 276,15 bilhões. Na Moldávia a dívida pública bruta variou de US$ 900,5 milhões a US$ 4,4 bilhões entre 1998 e 2021, ou 488%. Na Bielorrússia, que não aderiu a UE, a dívida pública bruta variou de US$ 1,3 bilhões a US$ 29 bilhões entre 1998 e 2021, ou 2.230% a mais. O nível mais alto dos últimos 23 anos foi obtido em 2011. Em 2021, a dívida era de US$ 26,44 bilhões.

Na Ucrânia, que deseja entrar na UE e na OTAN, a dívida pública bruta variou de US$ 14,2 bilhões a US$ 97,9 bilhões entre 1998 e 2021, ou 689,4%. Em 2021, a

---

10 A dívida pública bruta é a soma das quantias de dinheiro que devem ser pagas a outros Estados e comunidades, mas também a municípios ou instituições nacionais. Não estão incluídos na dívida bruta, no entanto, os créditos que o próprio Estado tem sobre os outros.

soma mais alta dos últimos 23 anos foi atingida: US$ 98 bilhões. Vale lembrar que esses dados se referem ao período que antecede a guerra com a Rússia. Mesmo a Ucrânia não herdando dívidas junto a URSS, deveria ter tido uma situação favorável logo após sua independência em 1991. Todavia, o processo de restauração capitalista acabou sendo um grande propulsor desse endividamento. Os oligarcas enriqueceram de maneira extraordinária, em detrimento dos bens do Estado, à semelhança do que sucedeu na Federação Russa, na Bielorrússia, no Cazaquistão, no Tajiquistão. Esse processo de aquisição de bens públicos a preço de banana ajudou a formar a propriedade privada e ao mesmo tempo um sistema bancário privado sob o comando desses oligarcas, que em seguida emprestava ao próprio Estado ucraniano. Ou seja, enquanto os oligarcas beneficiavam de toda a espécie de ajudas do Estado, eles próprios emprestavam ao Estado a taxas de juro que lhes garantiam grandes lucros.

O governo ucraniano recorreu a empréstimos externos, emitindo títulos da dívida nos mercados financeiros internacionais, pedindo empréstimos ao FMI e ao BM, levando a dívida a se ampliar nas décadas de 1990 e 2000. Ao mesmo tempo, o FMI condicionou a concessão de créditos mediante a aplicação de medidas neoliberais típicas: liberalização do comércio externo, liberalização dos preços, redução dos subsídios ao consumo das classes populares, degradação de uma série de bens e serviços de base. Além disso, impulsionou os processos de privatização das empresas públicas, acompanhados pela nova exigência de ajuste fiscal para redução do déficit público. Essas políticas de austeridade já ocorriam mesmo antes de se tentar entrar na UE. O fato mais grave é que o FMI, pela primeira vez na sua história, liberou empréstimos para a um pais em guerra, e está condicionando esses empréstimos ao aprofundamento das privatizações e da aprovação da independência do Banco Central.

Vejamos o endividamento dos países que antigamente compunham o "bloco do Leste", ou "soviético". Na Hungria, onde há um governo de extrema direita, a dívida pública bruta passou de US$ 25,9 bilhões a US$ 135,9 bilhões entre 1998 e 2021, ou 524% a mais. Em 2021, a soma mais alta dos últimos 23 anos foi atingida em US$ 136 bilhões. O déficit fiscal no mesmo ano foi de RS$ 12,3 bilhões. Enquanto isso, a Grécia, onde tivemos uma auditoria da dívida pública, a dívida pública bruta variou de US$ 128,6 bilhões para US$ 495,9 bilhões entre 1998 e 2021, ou 385,6%. O nível mais alto dos últimos 23 anos foi alcançado em 2011. Em 2021, a dívida era de US$ 417,95 bilhões. O déficit orçamentário no mesmo ano foi de US$ 16,1 bilhões. Esse país tem a situação mais grave quanto ao volume da dívida e ao comprometimento das políticas sociais. O caso grego revela também que a crise da sua dívida pública em 2010 beneficiou a Alemanha. Segundo o Instituto de Investigação Econômica Leibniz, a Alemanha se beneficiou com a crise grega em mais de 100 bilhões de euros, tendo em vista que as incertezas na economia grega acabavam atraindo capital para a Alemanha, gerando atração da sua economia sobre inves-

CAPÍTULO III

tidores assustados com a instabilidade grega. Tal atração provocava uma baixa nas taxas de juros sobre as obrigações alemãs.[11]

Na Sérvia, a dívida pública bruta variou de US$ 12,3 bilhões para US$ 35,7 bilhões entre 2003 e 2021, ou 290% a mais. Em 2021, o último ano avaliado, a soma mais alta dos últimos 18 anos foi atingida em US$ 36 bilhões. Enquanto isso a dívida pública bruta da Albânia variou de US$ 1,5 bilhões a US$ 13,4 bilhões entre 1998 e 2021, ou +893%. Em 2021, a soma mais alta dos últimos 23 anos foi atingida em US$ 13 bilhões. No Kosovo, a dívida pública bruta variou de US$ 344,8 milhões a US$ 2,1 bilhões entre 2009 e 2021, ou +610%. Em 2021, a soma mais alta dos últimos 12 anos foi de US$ 2 bilhões. Na Macedônia, a dívida pública bruta variou de US$ 1,6 bilhões para US$ 7,1 bilhões entre 2002 e 2021, ou +443%. Em 2021, o último ano avaliado, a soma mais alta dos últimos 19 anos foi atingida em US$ 7 bilhões. Na Bósnia e Herzegovina, a dívida pública bruta variou de US$ 1,9 bilhões para US$ 8,5 bilhões entre 1998 e 2021, ou +447%. O nível mais alto dos últimos 23 anos foi alcançado em 2014. Em 2021, a dívida era de US$ 8,28 bilhões. Na Croácia, a dívida pública bruta variou de US$ 7,8 bilhões para US$ 54,1 bilhões entre 2000 e 2021, ou +693%. Em 2021, a soma mais elevada dos últimos 21 anos foi atingida em US$ 54 bilhões. O déficit fiscal no mesmo ano foi de US$ 2,0 bilhões. Na Eslováquia a dívida pública bruta variou de US$ 7,0 bilhões para US$ 72,5 bilhões entre 1998 e 2021, ou +1.035,7%. Em 2021, o último ano avaliado, a soma mais alta dos últimos 23 anos foi atingida em US$ 72 bilhões. O déficit fiscal no mesmo ano foi de US$ 7,1 bilhões.

Na República Tcheca, a dívida púbica bruta variou de US$ 9,5 bilhões para US$ 122,1 bilhões entre 1998 e 2021, ou +1.285%. Em 2021, a soma mais alta dos últimos 23 anos foi atingida em US$ 122 bilhões. O déficit fiscal no mesmo ano foi de US$ 16,6 bilhões. Na Áustria, a dívida púbica bruta variou de US$ 130,5 bilhões para US$ 395,1 bilhões entre 1998 e 2021, ou +302,7%. Em 2021, a soma mais alta dos últimos 23 anos chegou a US$ 395 bilhões. O déficit fiscal no mesmo ano foi de US$ 28,2 bilhões. Na Eslovênia, a dívida púbica bruta variou de US$ 5,1 bilhões para US$ 46,0 bilhões entre 2000 e 2021, ou +901,9%. Em 2021, a soma mais alta dos últimos 21 anos chegou em US$ 46 bilhões. O déficit fiscal no mesmo ano foi de US$ 3,2 bilhões. Na Polônia, a dívida púbica bruta variou de US$ 63,5 bilhões para US$ 362,9 bilhões entre 1998 e 2021, ou +571,5%. Neste mesmo ano, essa dívida chegou ao valor mais alto dos últimos 23 anos, com US$ 363 bilhões. O déficit fiscal no mesmo ano foi de US$ 12,7 bilhões. Na Lituânia, a dívida pública bruta variou de US$ 1,8 bilhões para US$ 29,0 bilhões entre 1998 e 2021, ou +1.611%. Em 2021, o valor mais alto dos últimos 23 anos chegou a US$ 29 bilhões. O déficit fiscal no mesmo ano foi de US$ 655,9 milhões. Na Letônia a dívida pública bruta variou de US$ 637,4 milhões para US$ 17,4 bilhões entre 1998 e 2021, ou +2.731%. Em 2021,

---

11 *https://www.redebrasilatual.com.br/mundo/alemanha-lucrou-mais-de-100-bilhoes-de-euros-com-a-crise--na-grecia-diz-estudo-878/*

o valor mais alto dos últimos 23 anos chegou a US$ 17 bilhões. O déficit fiscal no mesmo ano foi de US$ 2,9 bilhões.

Para uma maior precisão precisamos ver esse fenômeno diretamente nos países que fazem parte da Zona do Euro. Segundo o Eurostat a dívida agregada dos governos nos 19 países que fazem parte da zona do euro cresceu 1,24 trilhão de euros, passando para 11,1 trilhões, ou 83,9% do seu PIB, em 2019, para 98% em 2020, enquanto o déficit passou de 0,6% para 7,2% do PIB. Isto sem contar com os efeitos da pandemia e dos gastos militares da guerra da Ucrânia. Essa expansão da dívida se deve aos mecanismos próprios da UE, aos crescentes gastos dos Estados nacionais, especialmente depois da crise capitalista de 2008, que exigiu crescentes gastos públicos para socorrer os grandes bancos, ao aumento de gastos para contornar os efeitos da pandemia e aos gastos militares no esforço de expansão da OTAN.

A desintegração política, fragmentação social e colapso econômico da URSS teve impacto interno e acabou também se refletindo em outros países que compunham o bloco do Leste, que passaram por uma grande regressão social, fruto das políticas impostas pelo FMI e Banco Mundial, que desmantelaram as instituições existentes e liquidaram os gastos sociais. Esses países, que não tinham tradição de democracia, continuaram sob formas autoritárias mesmo passando por eleições. Esse processo de desintegração ocorre justamente quando a Guerra Fria teria acabado. É bom lembrar que os efeitos da política de juros do FED em 1979 contribuíram para a aceleração da crise desse bloco. Lembremos que a Guerra Fria desencadeou uma corrida armamentista que, para o bloco capitalista, representou um gasto militar que impulsionou seu complexo industrial militar. A capacidade nuclear de destruição do planeta atingiu 34 vezes. Se esses gastos impulsionaram a economia capitalista durante os "trinta gloriosos", para o bloco socialista significavam um desvio de finalidade; na dissolução da URSS tínhamos filas de famintos para comprar pão, esperando por uma casa, por roupa, por atendimento médico, filas esperando por coisas básicas, enquanto no outro lado tínhamos um grande volume de ogivas nucleares. A URSS foi muito eficaz em produzir armas e não foi capaz de produzir o que a maioria da população precisava.

Com o fim do motivo da existência da OTAN, que era lutar contra uma possível expansão do bloco soviético, passamos por momento em que, em 2002, a OTAN deu as boas-vindas formais à Rússia, aceitando-a como participante, mas não como membro votante da organização. Moscou teria um papel consultivo no traçado da estratégia da aliança militar ocidental com relação à não proliferação nuclear, a administração de crises, a defesa antimísseis e o contraterrorismo. Os países do Leste foram saudados pelo bloco capitalista enquanto as suas multinacionais e seus bancos invadiam suas economias, coroando uma grande conquista de mercado e uma grande vitória do capitalismo. A crise de 1998, no entanto, foi um sério abalo para a economia mundial. Com o surgimento da UE e do euro,

CAPÍTULO III

com a entrada de muitos países do bloco soviético na União Europeia, na Zona do Euro e na OTAN, e principalmente com o acirramento da guerra comercial entre China e EUA, fruto da grande expansão da economia chinesa, tivemos o retorno dos ingredientes de uma nova Guerra Fria, agora não mais entre os dois blocos antagônicos mas entre dois países capitalistas que disputam a hegemonia mundial. Os países do Leste entraram na UE e na OTAN no lado dos EUA, mas a Rússia ficou do lado da China. Os aliados dos EUA apoiam a independência da Taiwan da China, mas são contra os separatistas da Ucrânia que não querem entrar na União Europeia e na OTAN. O ano de 1991, ficou mais conhecido pela dissolução da URSS e pela crise do socialismo real, do que pela aceleração da crise capitalista, com a recessão dos EUA; a "grande vitória do capitalismo" encobriu a crise do capitalismo. Logo após a recessão de 1991, nos EUA, tivemos crise mexicana em 1995, crise asiática em 1997, a crise russa em 1998 e a moratória argentina em 2001, a crise da economia ponto.com em 2000 e a grande crise capitalista de 2008.

As crises que ocorriam na periferia do capitalismo se deslocaram para o epicentro capitalista com a chamada bolha da internet em 2000 e com a grande crise capitalista de 2008, quando os Estados nacionais geraram uma grande dívida pública para salvar os grandes grupos financeiros. Segundo Marques e Nakatani, todos os países tinham uma dívida pública de US$ 22,165 trilhões em 2005, que chegou em 2011 até US$ 41, 059 trilhões. Com a intervenção estatal para tentar conter os efeitos da crise foi criada uma dívida de quase US$ 19 trilhões, para tentar conter as perdas no mercado de capitais do mundo, de US$ 30 trilhões em 2008. As políticas neoliberais na UE são impostas pela *Troika* - nome dado ao conjunto de três entidades que pressionam pela implementação de medidas de ajuste fiscal e de austeridade econômica: FMI, Banco Central Europeu e Comissão Europeia. Os países vindos do bloco soviético acabaram se submetendo ao Banco Mundial e FMI no momento da conversão para a economia de mercado e restauração capitalista, e agora estão submetidos a *Troika* que impõe a política de austeridade para garantir o pagamento das respectivas dívidas públicas, enquanto ampliaram os gastos militares dentro do esforço dos EUA expandir a OTAN sobre a Rússia tendo como destino a disputa de hegemonia com a China.

Sobre a grande expansão da dívida dos países que compõem a UE, o caso grego pode ilustrar um movimento que está presente em outros países. Para Fattorelli, as conclusões surgidas da auditoria da dívida grega, de que ela fez parte, "revelaram que os mecanismos contidos nos acordos [de resgate do país] eram para beneficiar os bancos e não a Grécia. Para ela o caso grego esconde o segredo dos bancos privados que se revelado poderia colocar a nu as estratégias utilizadas para salvar bancos e colocar em risco toda zona do euro, e toda a Europa". o mesmo dia em que foi criado, em 2010, o plano de suporte à Grécia, a Comissão Europeia criou uma empresa privada em Luxemburgo e os países europeus se tornaram sócios da mesma, colocando garantias na ordem de 440 bilhões de euros, e que um ano depois chegaram à soma de 800 bilhões. A empresa, explica Fattorelli, serviu para "fazer o repasse de papéis podres dos bancos para os países, utilizando o sistema da dívida". Paralelamente, também no mesmo dia, o Banco Central Europeu anuncia um programa de compra de papéis no mercado para ajudar bancos privados: "Isso é um escândalo. É ilegal, mas é colocado como se isso tivesse sido feito para salvar a Grécia". Os países do bloco soviético, da América latina e da África nos anos 1980/1990 foram duramente impactados pela alta unilateral dos juros em 1979 feita pelo Banco Central dos EUA, e pela existência de taxas de juros flutuantes. Todavia, os mecanismos novos de endividamento público surgidos com a União Europeia a partir do modelo de securitização, praticados na Grécia, conforme revelado pela auditoria da dívida grega, são ainda mais perversos que os praticados pelo euro mercado de moedas.

Frei Betto, ao tratar da ameaça da hegemonia chinesa, citou um dialogo divulgado pela *Newsweek*, onde o ex-presidente Jimmy Carter, ao receber ligação de Donald Trump, preocupado com o crescimento geopolítico da China, disse que a China poderá superar os EUA, tendo em vista que aquele país investe seus recursos em projetos de infraestrutura, ferrovias de alta velocidade, tecnologia 6G, inteligência robótica, universidades, hospitais, portos e edifícios, em vez de usá-los em despesas militares. Enquanto isso os EUA estão gastando em orçamento militar, em 2023, quase US$ 800 bilhões e mantêm mais de 700 bases militares ao redor do mundo. Os recursos vindos do Tesouro dos EUA para a Ucrânia servem para assegurar os lucros do "complexo industrial militar" e dos grandes cartéis do petróleo e gás. Este valor destinado a guerra é várias vezes maior que o *Obama Care*, que permitiu aos mais pobres um seguro-saúde.

Os gastos militares totais na Europa chegaram a US$ 418 bilhões em 2021, valor 3% maior do que em 2020 e 19% a mais do que em 2012. Parte destes gastos se deve ao papel submisso da UE aos interesses estadunidenses de expansão da OTAN, dentro da política de confronto com a Rússia tendo como objetivo final o enfrentamento com a China. Os gastos militares globais ultrapassaram pela primeira vez a marca de US$ 2 trilhões no ano de 2021, um recorde, de acordo com informações publicadas pelo Instituto Internacional de Pesquisa para a Paz de Estocolmo, na Suécia (SIPRI). Os EUA, após a retirada humilhante do Afeganistão depois terem gasto trilhões de dólares, terceirizaram com a OTAN uma guerra contra a Rússia que objetiva atingir a China, dentro de sua disputa pela hegemonia mundial. Segundo os dados do projeto *Costs of War*, da Brown University, que monitora o investimento público estadunidense, os EUA já teriam gastos US$ 8 trilhões na "Guerra ao Terror", desde 11 de setembro de 2001. Deste volume gigantesco, US$ 2 trilhões foram despendidos na guerra do Afeganistão.

De acordo com Stephanie Savell, codiretora do projeto, mais da metade do orçamento anual do Pentágono é direcionado para as companhias do complexo industrial militar que fabricam armas, treinamentos e até alimentação e logística, permitindo lucros elevados a um setor que tem um grande papel naquela economia. Esta atividade acaba por fazer conexão com o setor financeiro, porque estas guerras são financiadas e acabam levando aqueles países a elevar ainda mais sua dívida pública e o desembolso com juros que são apropriados pelos grandes rentistas.[12] Os Estados Unidos gastaram mais na "Guerra ao Terror" do que na segunda Guerra Mundial. Os US$ 85 bilhões gastos dos EUA no apoio a Ucrânia no conflito com a Rússia parecem insignificantes em relação aos gastos referentes a "guerra do contra o terror". Segundo o FMI, são necessários US$ 50 bilhões para acabar com a fome no mundo. Para os EUA o conflito China-Taiwan é um grande negócio, já que só em 2020, venderam armamentos superiores a US$ 5 bilhões a Taiwan.

Rússia era responsável por 40% de todo o gás consumido na Europa e até 60% em países como a Alemanha. Com a retração da oferta Russa devido as retaliações tomadas por aqueles países, os EUA se tornaram o maior fornecedor de combustível para a Europa em 2022, com mais de 70% das importações de gás natural da Europa, cobrando preços_astronómicos, que acabaram levando a explosão dos preços do gás, o que impacta no custo de energia e na inflação nestes países. Com isso os consumidores passaram a pagar mais pelo gás e petróleo, transferindo seus recursos para os exportadores dos EUA. Os europeus pagam aos EUA quatro vezes aquilo que o fabricante cobra. Esta elevação da inflação tem levado a perdas salariais crescentes e impulsionando um movimento grevista, especialmente na Inglaterra, Alemanha e França. Nos EUA temos uma inflação de 8% ao ano, em 2022 que tem levado a perdas para os países exportadores de petróleo que usam o dólar como moeda de pagamento. Isso se deve ao fato da UE ter proibido as importações de petróleo bruto russo transportado por via marítima. Vale lembrar que os EUA agora extraem petróleo e gás natural em abundância do xisto por meio de fratura hidráulica, bombeamento de água e produtos químicos em poços profundos para fraturar rochas e extrair recursos que eram considerados irrecuperáveis. Os riscos para o meio ambiente dessa modalidade de obtenção de petróleo e gás tem sido apontados pelos danos que podem gerar ao meio ambiente, principalmente na poluição da água usada em quantidades colossais na técnica de exploração chamada de faturação hidráulica, com possível contaminação dos lençóis freáticos. Por outro lado, a Rússia encontrou novos compradores para o seu petróleo, especialmente a China e Índia, com um grande desconto, vendendo por US$ 54 o barril, em comparação com US$ 78 o barril do petróleo Brent, a referência global.

Enquanto vivemos uma etapa nova da crise capitalista desde 2008, constatamos um grande volume de empresas que saíram da Rússia em apoio aos EUA e a OTAN, como parte dos embargos econômicos a Rússia. Eis as marcas, grandes grupos

---

12 Ver https://www.poder360.com.br/internacional/guerra-ao-terror-custou-us-8-tri-para-os--eua-em-20-anos/

monopolistas mundiais, que tinham ganho mercado com a restauração capitalista desde 1991: Visa, Mastercard e American Express, Deutsche Bank, BP (do setor de petróleo e gás, que calcula prejuízos de cerca de US$ 25 bilhões ao desfazer sua parceria com a Rosneft, petroleira russa), Shell (pode ter sacrificado até US$ 3 bilhões por deixar seus empreendimentos com a Gazprom), Exxon, Equinor, Total Energies, Maersk, ONE, MSC e Hapag Lloyd, McDonald's, Coca-Cola, Starbucks, Boeing, Airbus, Loreal, EY, PwC e KPMG, Apple, Ikea, Spotify, paypal e TikTok, Diageo, Nike (tinha mais de 100 lojas na Rússia), Adidas, Inditex, Alstom, Daimler, Renault, Volvo, Harley Davidson, GM e Jaguar Land Rover, Toyota, Nokian Tyres, UPS, FedEx e DHL, Oracle, Fundo Soberano da Noruega, AerCap, Disney, Sony e Warner, Netflix, Facebook, Twitter e Microsoft, Amazon Web Services, Heineken, Prada, Chanel, LVMH, Hermès, Goldman Sachs, Unilever, Inditex, Nestlé, Ford (que tinha três fábricas que produziam veículos na Rússia por meio de *joint-venture*), etc.

Antes da dissolução da URSS, em 31 de janeiro de 1990, milhares de russos fizeram fila para entrar na primeira filial do McDonalds no país, em Moscou. O primeiro McDonald's, tinha capacidade para 700 clientes e por anos foi o maior ponto de venda da empresa no planeta. A Coca-Cola, Pepsi e McDonald's eram os símbolos da ocidentalização da Rússia. Trinta e dois anos depois, o McDonald's com 850 filiais, se retirou da Rússia. Este processo de saída acabou significando uma nova nacionalização ou substituição de alguns produtos por similares nacionais. Essa saída da Rússia foi acompanhada pela chegada de empresas chinesas. Essa fuga em massa das multinacionais teve um grande custo para as matrizes dessas empresas, justamente num momento em que a economia mundial teve uma retração, fruto da pandemia da Covid 19.

Se um dos desejos de Hitler era estabelecer um sistema de dominação alemã na Europa, esse fato se concretizou com a lógica da UE, usando sua elevada competividade industrial, sua supremacia financeira e seu poder dentro deste Estado supranacional, sem corrida armamentista, sem invadir a Rússia, mas usando o apoio dos países que pertenceram ao bloco soviético. Esse armamentismo agora se faz pela OTAN e associado aos interesses imperialistas dos EUA na disputa com a China. Na restauração capitalista tivemos não só a retomada dos mecanismos de mercado, como a privatização e desnacionalização de grande parte das empresas estatais, como também introdução das políticas de estabilização, especialmente na Rússia que adotou uma âncora cambial semelhante a ocorrida no Brasil, Argentina e México. Todavia, em 1998, a Rússia declara moratória e acaba por abalar a economia mundial. Naquele momento, a Rússia acabou assumindo e pagando todas as dívidas junto ao "Euromercado", próprias ou dos países que faziam parte do Leste Europeu. Todos os países que fizeram parte do bloco soviético saíram sem dívida pública externa e acabaram se incorporando a UE, onde passaram a se submeter aos banqueiros alemães, franceses e ingleses, estando hoje endividados e submetidos às políticas neoliberais ou de austeridade que nortearam a criação da UE e do euro.

CAPÍTULO III

Esse processo fica mais claro quando investigamos o caso da Ucrânia: 31 anos após a Rússia ter liquidado quase toda a dívida daquele país, ele estava entre os mais endividados. Ucrânia tem uma dívida externa pública e privada de US$ 130 bilhões, metade do setor público. Em se tratando de dívida pública interna, o poder público deve US$ 40 bilhões. Vale lembrar que a dívida pública surgida sobre títulos soberanos chegou em 2021 a US$ 20 bilhões, fruto de 14 emissões regidas pela lei inglesa. Em se tratando da dívida externa pública com FMI, em 2021 era de US$ 13 bilhões, enquanto a dívida junto ao Banco Mundial (BM), ao Banco Europeu para a Reconstrução e o Desenvolvimento (BERD) e ao Banco Europeu de Investimento (BEI), ela chegava a mais de US$ 8 bilhões. Desde o início da guerra, a dívida pública da Ucrânia aumentou com os novos créditos junto ao FMI e o Banco Mundial, de US$ 5 bilhões. Além disso, o governo emitiu novos títulos de dívida, chamados títulos de guerra, de US$ 2 bilhões. Vale lembrar que no processo de restauração capitalista tivemos as privatizações e constituição de oligarcas que concentram parte da riqueza antes estatal, inclusive no setor financeiro, que hoje emprestam dinheiro ao Estado ucraniano. Em outras palavras, repetem o mesmo fenômeno que ocorreu na Rússia, comandado economicamente por esses oligarcas.

Em julho de 2022, a Ucrânia solicitou a seus credores um congelamento de US$ 20 bilhões de juros vencidos, visando um alívio temporário da sua crise fiscal e financeira. Em qualquer dos cenários dos pós-guerra este país já está ameaçado de ter um destino ainda mais dramático, tendo em vista o tamanho da dívida e a fragilidade de sua economia, que facilitarão o processo de privatização e desnacionalização. Para a população isso significará a adoção da política de austeridade fiscal própria da UE, somada a destruição da infraestrutura, que exigirá novos gastos, mais empréstimos externos, e submissão ainda maior ao sistema da dívida. Tudo isso resulta da iniciativa de entrada na UE, mas principalmente da entrada na OTAN. A Ucrânia tem como sonho aquilo que para alguns países já levou a desilusão. Podemos observar na UE que alguns países foram beneficiados, especialmente aqueles já eram mais competitivos, como a Alemanha, enquanto a maioria dos países da Europa foram os grandes perdedores com retirada das barreiras tarifárias, fim dos bancos centrais, das moedas nacionais, do surgimento do parlamento europeu e da sobreposição das leis europeias sobre as leis de cada país. A síntese da crise da UE é revelada pelas taxas pífias de crescimento, pelo hiperendividamento público, principalmente com os efeitos da crise de 2008, elevado desemprego, e perda da competitividade internacional com a sobrevalorização do euro.

Com a dissolução da URSS, a Rússia deu início a uma inserção no sistema financeiro internacional., antes disso a URSS e os países do Leste europeu tinham relações com o euro mercado de moedas. Na década de 1990, a Rússia contou principalmente com empréstimos do FMI, dso Banco Mundial e do BERD para apoiar sua transição para uma economia de mercado. A etapa seguinte foi a total integração russa, incluindo seus bancos e instituições privadas, de posse dos seus oligarcas (ex membros da burocracia stalinista), resultando em crescimento da dívida externa. Tudo isso só foi possível após a Rússia pagar todas as suas dívidas e asa dos países do Leste, incluindo Cuba e Coreia do Norte. A recessão americana de 1991 foi acompanhada pela recuperação dos mercados perdidos, seja para seus bens de capital, capital-mercadoria ou capital-dinheiro. A introdução da âncora cambial exigia da Rússia a abertura comercial e a adoção da políticas de juros altos, que atraia parte do capital especulativo mundial para compor as reservas cambiais artificiais mediante elevação da taxa de juros e da expansão da dívida pública. Segundo Kravchuk, a Ucrânia, desde os anos 1990, ficou atrás de outros países do antigo bloco soviético, sob os efeitos da crise capitalista de 2008, da pandemia e da guerra em curso desde 2014, aprofundados pelo conflito com a Rússia. Fez muitos empréstimos junto ao Fmi e à Comissão Europeia. Tal fato tem levado o serviço da dívida a ficar com uma parcela crescente dos gastos públicos; os empréstimos acabam por exigir as reformas estruturais neoliberais.

Segundo o Banco Mundial a economia ucraniana teve retração de 30% em 2022 em função da guerra. Tal fato, vai refletir nas receitas do estado e que por sua vez resultará em novos empréstimos externos, seja junto aos oligarcas nacionais ou das oligarquias financeiras internacionais e entidades multilaterais. Para um país que na sua independência tinha quase zerada sua dívida pública e está neste patamar antes da guerra, fica claro que a restauração capitalista significou a saída da área influência Russa e suas formas de dominação e entraram numa área dominação dos históricos países imperialistas e suas formas de espoliação e dominação financeira, que se revelaram avassaladoras sem que tenha usado recursos para se destinado a reestruturação e produtiva e a políticas sociais. A pequena diferença da possível mudança da área de influência é que entrando na UE adotarão o Euro e permitirão a grande parte de sua população um passaporte europeu para trabalho precário dentro da UE, processo semelhante aos demais países que pertenciam ao bloco soviético.

A UE foi a forma mais avançada de imposição das políticas neoliberais em seus países-membros e da política de austeridade e desnacionalização dos capitais dos países menos desenvolvidos. A UE serviu para a criação de um Estado supranacional, com uma nova dominação sobre os países menos desenvolvidos da Europa, usados para enfrentar a Rússia e a China na disputa pela hegemonia mundial. Os países do Leste europeu que viveram invasão dos capitais europeus e tiveram uma grande desnacionalização, explosão do desemprego, desmantelamento das políticas sociais, tinham a oferecer suas respectivas entradas na OTAN, com elevação dos seus gastos militares e funcionando como bucha de canhão dos grandes da UE e dos EUA no enfrentamento a Rússia, com o objetivo de atingir a China na guerra comercial e na disputa da hegemonia mundial. O conflito na Ucrânia se revela como parte do conflito entre EUA e China, acompanhado por uma guerra comercial como parte dessa disputa; a China restaurou o capitalismo e deverá superar os EUA economicamente. No meio deste processo temos países que pertenceram ao COMECON e ao Pacto de Varsóvia, que migraram para a UE e para a OTAN e que tiveram suas dívidas liquidadas pela Rússia, quando da desintegração da URSS.

Os ucranianos conquistaram sua independência política em 1991. Entretanto, estão cada vez mais dependentes de credores externos e dos banqueiros oligarcas nacionais e estrangeiros. Cada empréstimo novo do FMI resulta em novas condicionalidades que implicam mais austeridade e aprofundamento das privatizações e desmonte de direitos sociais. O fato mais grave e revelador é que o FMI está exigindo a independência do Banco Central ucraniano. Tal fato significará a dominação direta dos destinos do fundo público para os rentistas. Isso tudo ocorre no país mais pobre da Europa, disputando com Moldávia, mas que ainda possui as terras mais férteis do continente. Segundo dados da ONU, em 2020 a Ucrânia já ocupava o oitavo lugar no mundo em termos de migração de força de trabalho, milhões de ucranianos já tinham partido para países-membros da UE oriental, como Polônia, República Tcheca. Os imigrantes ucranianos substituíram a força de trabalho que já tinha deixado esses países em busca de uma vida melhor na Alemanha, Grã-Bretanha e outros países centrais. Com a guerra, observamos a chegada de mais de cinco milhões de me3mbros força de trabalho mais qualificada vindos da Ucrânia para se integrar à sociedade europeia. Isto já está ocorrendo mesmo antes da pretensa entrada deste país na UE. O que já aconteceu com os demais países que pertenceram ao bloco soviético, e que entraram da UE, poderá ser ainda mais dramático devido ao caos social e econômico de um pais destruído pela guerra, pelas privatizações, redução dos direitos sociais e total submissão às instituições financeiras multilaterais e privadas, que irão definir toda a lógica da política econômica submetida a política monetária voltada cada vez mais para garantir o pagamento do serviço da dívida.

Em março de 2020 a UE derrubou o limite de endividamento público dos países do bloco de 60% em relação ao PIB, para que se pudesse combater os efeitos da pandemia. Naquele momento foi proposto ativar a chamada "cláusula de escape geral", que dispensou os países-membros de cumprir metas orçamentárias e de controle fiscal. Com isso surgiu o desafio de definir o novo marco europeu de gastos públicos. Vale lembrar que parte destes gastos de combate a pandemia foi direcionada a salvar empresas que alegaram dificuldades financeiras, enquanto prosseguiam os ataques aos serviços públicos e o aumento dos gastos militares de suporte a OTAN. Os países que pertenciam ao antigo bloco soviético aderiram a UE e acabaram sendo incorporados pela política de austeridade que levou obrigatoriamente ao combate às políticas sociais e mesmo as políticas desenvolvimento que poderiam minimizar o quadro social delicado que já apresentavam. Os países que entraram na UE possibilitaram aos seus habitantes terem um passaporte europeu, permitindo que pudessem se deslocar legalmente para realização de trabalhos precários nos países mais desenvolvidos, enquanto seus países deixavam de ter Bancos Centrais e moedas nacionais, e suas leis passaram a se submeter ao Parlamento e à legislação europeias. Além disso, o peso político que possuem dentro da UE é insignificante na determinação da política econômica.

A independência política da Ucrânia foi acompanhada pela total submissão a oligarquia financeira internacional, que poderá ainda se aprofundar ainda mais conforme o que aconteceu com os demais países que pertenciam antes ao Pacto de Varsóvia e que agora fazem parte da União Europeia e da OTAN. A Ucrânia pretende entrar na UE quando essa já está sendo questionada em vários países-membros. Fazer a atual guerra, com um custo financeiro e humano tão elevado, só favorece aqueles que estão emprestando os recursos e em seguida vão querer parte do patrimônio ainda estatal. Os países do Leste europeu eram parte de uma divisão regional do trabalho que de certa forma repetia o que acontecia no bloco capitalista, se especializando em atividades primárias, enquanto a Rússia assumia o papel industrializante. Essa relação fica mais evidente no caso da Ucrânia, que era um grande celeiro do antigo bloco e agora o é do bloco capitalista. A entrada dos países do Leste na UE manteve essa mesma divisão num momento de aprofundamento da crise capitalista. Tanto a Rússia quanto os países que faziam parte de sua área de influência passaram por um processo de restauração capitalista em que as propriedades estatais foram privatizadas e da mesma forma tivemos a constituição de um sistema bancário privado, que acabou ficando na mão de antigos burocratas da era stalinista. Tal fato fortaleceu a constituição de oligarcas que passaram ter o controle dessas propriedades agora na forma privada. Neste processo fazer parte da antiga estrutura de poder era condição fundamental para parte da nova classe dominante e das novas configurações do Estado, que agora gere os interesses privados nacionais e estrangeiros.

A guerra da Ucrânia é a ponta do iceberg que encobre o conflito fundamental na disputa de hegemonia entre EUA e China, tendo como novos atores os países que restauraram o capitalismo, seja os fizeram parte do Leste Europeu e do Pacto de Varsóvia e que entraram para a UE e OTAN, seja a Rússia, que foi a protagonista durante a Guerra Fria, seja a China, que já é a segunda economia mundial e que poderá antes de 2030 ser a maior economia do globo. No meio de tudo isso temos a União Europeia, que serviu para assegurar a expansão alemã pelo continente, mas que vive uma crise prologada com baixo crescimento econômico, elevado endividamento público, perda de competitividade internacional, elevado desemprego, destruição progressiva das políticas sociais fruto de sua política de austeridade, grande deslocamento da população dos países menos desenvolvidos para os países mais ricos e expansão eleitoral da extrema direita, crescentes gastos militares no apoio a Ucrânia, onde os países do Leste europeu repassam seus armamentos da era soviética para a Ucrânia e compram armamentos novos dos EUA. Enquanto isso, os EUA, que já tiveram gastos astronômicos com a "guerra antiterror" e foram derrotados no Iraque e do Afeganistão, continuam incentivando a expansão da OTAN e

CAPÍTULO III

77

o conflito entre Taiwan[13] e China. Ao mesmo tempo, vendem petróleo e gás para a UE por preço mais elevado. Além disso, aquecem sua economia com as vendas de armas para a Ucrânia e Taiwan, e mesmo assim estão cada vez mais endividados e com déficit do balanço de pagamento, com uma elevada inflação. Por outro lado, continuam a se endividar para salvar seus bancos, numa nova etapa de crise na qual destinou US$ 300 bilhões para salvar dois bancos ligados ao vale do silício. Todavia, continua com todo os serviços públicos privatizados.

De um lado, temos ucranianos que falam russo e se consideram russos e que não querem fazer parte da Ucrânia e da OTAN. Do outro lado, ucranianos que querem entrar na UE e na OTAN e não sabem que a UE está em crise e que sofrerão a política de austeridade que já vivenciam desde 1991, quando se tornaram independentes e submeteram as políticas do FMI e Banco Mundial. Não sabem que, uma vez na UE, o seu país vai ser entregue aos grandes grupos econômicos e aos barões do agronegócio do mundo. O prêmio de consolação será ter um passaporte europeu para poderem fazer trabalhos precários em outros países. Assim temos, a Europa decadente tentando se expandir pelos países do antigo bloco soviético a serviço do imperialismo estadunidense e no enfrentamento da nova grande potência. Não encontramos nos dois lados do conflito (EUA x China) um programa político que tenha como objetivo questionar o modo de produção capitalista e suas relações sociais de exploração, buscando alternativas próprias da classe trabalhadora.

---

13 Desde o final do século do século XIX Taiwan foi ocupada pelo Japão, sendo devolvida à China continental no final da Segunda Guerra Mundial. Quando o Tratado de Devolução foi concluído, em 1953, o Kuomintang já tinha se instalado em Taipei, capital de Taiwan.

REFERÊNCIAS BIBLIOGRÁFICAS

1. Bukharin, Nikolai. *La Economia Política del Rentista*. Barcelona, Editorial Laia, 1974.
2. Delamaide, Darrell. *O Choque da Dívida*. História completa da crise mundial do crédito. Rio de Janeiro: Record, 1984.
3. Gomes, José M. *Acumulação de Capital e Plano de Estabilização*. Um estudo a partir da experiência de âncora cambial na América Latina nos anos 90. São Paulo, USP, Tese de Doutorado, 2004.
4. Giron, Alícia. La deuda externa de Rusia en su transformación en una economía de mercado. *Comercio Exterior*, México, junho de 1994. In: http://revistas.bancomext.gob.mx/rce/magazines/361/9/RCE9.pdf acesso em 02.10.15
5. Marques, Rosa; Nakatani, Paulo. Crise capital fictício e afluxo de capitais estrangeiros no Brasil. *CADERNO CRH*, Salvador, vol. 26, n. 67, p. 65-78, jan./abr. 2013.

6. Kilsztajn, Samuel. O acordo de Bretton Woods e a evidência histórica do sistema financeiro internacional no pós-guerra. *Revista de Economia Política*, São Paulo, vol. 9, n. 4, p. 88-100, out./dez. 1989.

7. Kravchuk, Alexandre. Se o Ocidente quer realmente ajudar a Ucrânia, cancele sua dívida externa. Entrevista concedida David Broder. *Revista Jacobin*. São Paulo, acessado em 11/03/2022.

8. Moffitt, Michel. *O Dinheiro do Mundo*. Rio de Janeiro, Paz e Terra, 1984.

9. Espeche Gil, Miguel Angel. *La ilicitud del alza unilateral de los intereses de la deuda externa: la doctrina*. Instituto Buenos Aires de Planeamiento Estratégico, IBAPE, 2007.

10. La URSS aplaza el pago de las deudas de Polonia por cinco años http://elpais.com/diario/1981/08/16/internacional/366760812_850215.html

11. Toussaint, Eric. Porquê anular a dívida da Ucrânia? *CADTM*, Bruxelas, 22 de abril de 2022

IV

UCRÂNIA-RÚSSIA: AS RAÍZES MONETÁRIAS DO CONFLITO NA UCRÂNIA

*Francesco Schettino**

* Professor de Economia na Università degli Studi della Campania "Luigi Vanvitelli" · Dipartimento di Giurisprudenza (Itália).

esmo o maior defensor da lógica do atual modo de produção, se movido pela honestidade, não poderia negar que há pelo menos 25 anos o capital mundial, em sua totalidade, está em dificuldade, seguindo uma tendência de baixa que já surgiu, no mínimo, no final dos anos 1960.

Taxa de crescimento do PIB per capita
dados mundiais (1961-2021) - dólares 2015 constantes

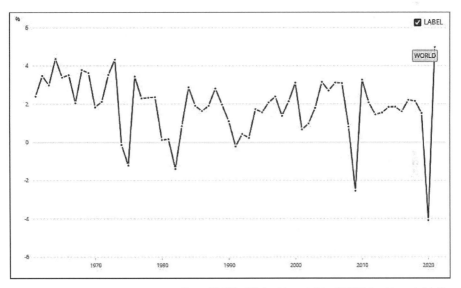

Fonte: *World Bank National Accounts data e OECD National Accounts data files*

O denominador comum dessa tendência de médio a longo prazo deve ser identificado no excesso patológico de superprodução que impede que todo o valor produzido seja colocado adequadamente, isto é, a mais-valia geral se traduzir em lucro, devido à limitação do mercado mundial e da demanda pagante capaz de absorver esse excesso sistemático. Tentaremos focar nosso campo de investigação nas evoluções do ritmo de acumulação das últimas duas décadas, ou seja, a partir do período 2007/2008, lembrado por muitos, erroneamente, como o da «crise financeira». A adoção generalizada dessa definição restritiva, amplamente adquirida e utilizada, descreve a natureza e a extensão da tentativa de esconder as verdadeiras peculiaridades da crise que surgiu em 2008 como um epifenômeno de um problema que é mais antigo, endêmico ao sistema. Afinal, a invenção de nomes, por vezes criativos, não é novidade nos últimos anos.

Pelo menos desde o segundo pós-guerra, a classe dominante empregou muitos recursos para negar a principal especificidade da crise - ou seja, a de ser imanente - atribuindo-lhe periodicamente um rótulo capaz de desviar a atenção para bodes expiatórios criados para cada ocasião, alavancando também reconstruções aparentemente plausíveis. Quando a crise surgiu violentamente nos anos 1970, foi rastreada até o crescimento dos preços dos produtos petrolíferos - em todos os livros didáticos se fala explicitamente e acriticamente de choque petrolífero -, enquanto a referência à anulação unilateral dos acordos de Bretton Woods, pela nação até então hegemônica (os EUA), é feita como uma consequência inevitável dos rangidos que surgiram na Europa no decorrer dos anos 1990, primeiro com a crise «dos tigres asiáticos», depois com a crise «da nova economia», no final do período; depois, no novo milênio, a crise «do terrorismo islâmico», alimentada por guerras justificadas por falsas armas de destruição em massa, «a creise financeira», a «Covid19», a da guerra Ucrânia/Rússia, e quem sabe quantas mais.

Apesar da sucessão temporal cada vez mais próxima, cuja evidência por si só deveria mostrar uma continuidade clara, desmascarando a estratégia de busca dos culpados de plantão, uma leitura geral das crises é amplamente negada. Por esta

Taxas de crescimento do PIB per capita (Mundo e China)
dólares constantes de 2015

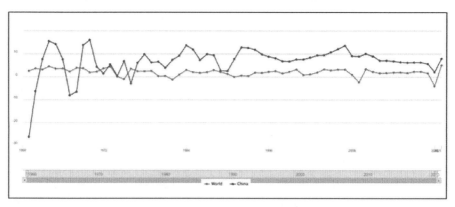

Fonte: *Elaboração própria baseada nos dados do World Development Indicators - The World Bank*

razão, parece-nos apropriado qualificar antes de mais nada a crise que vivemos como uma crise de superprodução e como um denominador comum do desenvolvimento capitalista global das últimas décadas. O fenômeno da crise não é algo momentâneo ou atribuível a uma ou mais causas: o excesso de superprodução é de fato sistemático, endêmico, ao modo de produção do capital e pode assumir muitas formas distintas, apesar da raiz substancial comum. Que os ritmos de acumulação diminuem, uma questão que só a extraordinária experiência chinesa com as suas taxas de crescimento consegue pôr de lado, é agora visível e difícil de negar. Pelo menos desde os anos 1990, os ritmos de crescimento são diferentes e o ritmo de acumulação mundial está cada vez mais próximo de zero.

Nas últimas décadas foram configurados elementos atribuíveis a uma redução tendencial da margem de lucro, devido ao aumento da composição orgânica do capital, ou seja, ao uso de capital constante - que é a causa da proliferação de instrumentos financeiros. Neles se escondem as sementes de outra contradição igualmente grave e igualmente insolúvel: frisar estes pontos de partida pareceu-nos útil para discutir a interpretação, errada pelas razões que diremos, que identificou no capital especulativo a causa única das crises conhecidas como "subprime". Em primeiro lugar, é importante lembrar que o capital fictício, é «simplesmente» um capital que procura a *autovalorização* contornando a produção de mercadorias, tentando obter lucro através da passagem directa D-D' (dinheiro-mais dinheiro). Basicamente, o «problema da mercadoria», ou seja, o do valor e da mais-valia, é contornado, tentando lucrar através de negociações de títulos mais ou menos arriscados, com o objetivo de obter imediatamente, na forma de lucro, unidades de mais-valia produzidas por outros. Embora a ação dos mercados financeiros seja inerente ao capitalismo, é nas fases de crise que ela assume uma forma mais distintamente especulativa. Todos esses argumentos poderiam ser ainda mais extensos, mas, na ausência de mais desdobramentos, poderiam levar a atribuir erroneamente a uma única parte da classe dominante as responsabilidades pelo que já aconteceu e continua a acontecer em termos de direitos sociais - todos eles, incluindo os direitos do trabalho.

Mas é o processo do sistema de capital em sua fase de maior dificuldade que gera a contração dos direitos sociais, entendido como parte do salário social (predominantemente indireto e diferido) da classe subordinada; ao mesmo tempo, como já dito, este induz uma transferência para a especulação internacional de uma parte dos recursos que teriam sido investidos na produção de mercadorias, caso não existisse mundialmente um excesso na superprodução. É também por isso que a suposta separação entre capital produtivo e capital especulativo é altamente enganosa e tecnicamente incorreta: a grande maioria dos fundos de investimento internacional também é detentora da maioria das empresas transnacionais que se dedicam a produzir e colocar no mercado todos os bens e serviços que são comprados diariamente no mundo.

CAPÍTULO IV

A história nos ensina que episódios de guerra de grande intensidade seguiram a crises de acumulação persistentes (1870 - I Conflito Mundial; 1929-década de trinta - II Guerra Mundial), por isso não é nem um pouco inesperado que desde fevereiro de 2022 a escala do conflito na Ucrânia - já em curso desde pelo menos 2014 - tenha crescido substancialmente. As notícias mais rigorosas também nos levam a pensar que a questão da moeda voltou ao centro das atenções. Como tentaremos explicar, de fato, várias moedas são utilizadas mais ou menos explicitamente como arma dentro do conflito ucraniano-russo. Mas antes de entrar nos pormenores da questão, é apropriado tentar delinear do ponto de vista conceitual o que é uma moeda internacional, e por que por trás do uso de armas está um conflito monetário de magnitude muito maior do que aquele, no momento, limitado ao território ucraniano. Em primeiro lugar, é importante desembaraçar o nó teórico inventado pelos economistas tradicionais - ou seja, a escola liberal, conhecida na doutrina como neoclássica ou marginalista - de que a moeda não pode influenciar variáveis reais como o desemprego e a renda (o famoso «véu»). A nível capitalista, a moeda é uma mercadoria a todos os efeitos, dispondo, portanto, das características dos outros bens produzidos, ou seja, de um valor de uso e um valor de troca. Apenas os bancos centrais têm autoridade para sua emissão e, portanto, pode-se dizer que existe um monopólio na sua produção.

Simplificando ao máximo, portanto, quando falamos de dois elementos fundamentais, ou seja, as reservas internacionais de moeda e, ao mesmo tempo, a avaliação de certos recursos, como o gás - ou também o petróleo -, em diferentes moedas, são abordadas questões que afetam os gânglios do próprio sistema. Essencialmente, as reservas internacionais - que quase todos os bancos centrais do mundo detêm - servem principalmente por três razões: 1) Comprar mercadorias estrangeiras; 2) Atuar como um contrapeso potencial (também como um dissuasor) para quaisquer ondas especulativas de baixa na moeda nacional; 3) Honrar contratos (também dívidas) denominados em moeda estrangeira. Os acordos assinados após o fim da Segunda Guerra Mundial forçaram que o dólar fosse considerado como ouro, ou seja, a mercadoria de referência para o comércio internacional, estando vinculado a ele de forma exata e definida. Costumava-se dizer "o dólar é tão seguro quanto o ouro".[1] Isso resultou imediatamente em que manter uma quantidade significativa de dólares em seus bancos centrais permitia, por um lado, maior tranquilidade e, por outro, um poder de compra significativo, que estava disponível para este fim nas mãos do Estado, e que gradualmente se tornou indispensável para o acesso a bens ou serviços produzidos em outros lugares. Isso aconteceu porque para comprar quase todas as mercadorias no mercado internacional era necessário ter, conforme definido pelos acordos

---

[1] Esta histórica mudança é lembrada como a passagem do *Golden Standard* para o *Golden Exchange Standard* (ou *Dollar Standard*).

internacionais de Bretton Woods, o próprio dólar americano que, como sabemos, é produzido exclusivamente pela autoridade monetária dos EUA (ou seja, as reservas federais), que podem emitir dólares quando acharem apropriado, agindo de fato como monopolista. É claro que ter apontado o dólar como a moeda de valor por excelência foi o resultado da vitória dos EUA nas guerras mundiais, assumindo assim uma ferramenta hegemônica de alcance extraordinário.

No entanto, já no início da década de 1970 algo começou a vacilar de forma preocupante: de fato - já lutando provavelmente com a mesma crise cujos efeitos assumiram formas muito diferentes, que se prolongaram até hoje - os Estados Unidos da América, no início da década, tiveram que admitir que estavam em dificuldades e, por isso, suspenderam unilateralmente os acordos de Bretton Woods. Eles provavelmente perceberam que tinham impresso demasiados dólares e que não tinham as reservas de ouro necessárias para garantir a sua perfeita convertibilidade. Na verdade, o sistema *Gold Exchange Standard* era baseado na completa convertibilidade do dólar em ouro: logo no início dos anos setenta, ficou claro que os dólares usados em todo o mundo estavam acima das reservas de ouro dos EUA que, enquanto isso, representavam apenas a metade (passando de 24 a 10 bilhões de dólares), das reservas mundiais, além de ter causado um formidável déficit comercial nos EUA. No final das contas, porém, a liberalização cambial não alterou a centralidade do dólar americano, pois, como lembra Paul Samuelson, a demanda por dólares no exterior permitiu que os EUA mantivesse um déficit comercial persistente sem a contrapartida de uma depreciação da moeda ou de uma reutilização dos fluxos comerciais. A taxa de câmbio com as outras moedas era pouco sensível a este déficit da balança comercial, se considerado proporcionalmente ao montante do saldo de exportação-importação.

Alguns anos mais tarde, num quadro de fragilidade tão delineada, desenvolveu-se, especialmente após o fim da experiência soviética a ideia de criar uma moeda antagónica a nível mundial. Isto aconteceu na esfera europeia e, como todos sabemos, assumiu a forma do euro. Esta tentativa de se apresentar como antagonista do dólar desde o início criou problemas, ao exacerbar um conflito interno à classe dominante já proeminente, considerando as dificuldades generalizadas de acumulação. No pano de fundo dos acontecimentos analisados emerge que, para compreender adequadamente o conceito de áreas monetárias, na fase atual, é uma prioridade compreender o papel que o dinheiro assume no modo de produção capitalista. Este esclarecimento teórico - que, no entanto, não pretende ser totalmente exaustivo - torna-se ainda mais urgente se considerarmos o abuso que se faz dele e que, obviamente, distorce e esconde a substância do conflito monetário em curso: não se deve esquecer, a este propósito, que a economia acadêmica baseia suas teorias esfumaçadas na suposição de que a moeda seja um "véu" e que, portanto, não seria essencial na produção de mercadorias e tampouco de valia e mais-valia. Nada mais longe da verdade.

CAPÍTULO IV

De fato, já faz algum tempo que o apelo alarmista às «tempestades» monetárias e às guerras monetárias mal definidas é deliberadamente dividido, na ilusão popular, da crise real, que se pretende exorcizar ou encerrar em âmbitos unilaterais e particularistas. Em outras palavras, não é fornecida aquela indicação significativa de «tempestade» da qual Marx já avisou os «monetaristas» da sua época, incapazes como eram de ver a especificidade da função de capital do dinheiro, ou seja, a forma de dinheiro do próprio capital. Os erros e limites, científicos e ideológicos, dos monetaristas da época – hoje não é substancialmente diferente – consistiam, de fato, em não identificar a causa no conflito de todos os elementos da produção burguesa mas, em vez disso, em pesquisar a origem e os meios para enfrentar a crise na esfera mais superficial e abstrata desse processo, a esfera da circulação monetária, estendendo os dogmas da política burguesa desde as leis da circulação da moeda metálica até aquelas de crédito e circulação de notas. A escola destes «meteorologistas económicos» - foi assim que Marx os apontava, sem ofensa aos verdadeiros meteorologistas - chegou, portanto, extraordinariamente a propósito, uma vez que dava a uma tautologia a aparência de uma relação de causa e efeito. Uma vez permitida a transformação da tautologia na relação de causa e efeito, tudo o resto prossegue facilmente.

A concatenação transnacional que mudou a configuração da luta imperialista, não mais rigidamente dividida pela filiação estatal predominante, resulta na demanda progressiva por um aumento da capacidade de penetração do capital no mercado mundial. Portanto, a pré-determinação das áreas monetárias de referência supera em importância a mera localização histórica ou geográfica do investimento; o desenvolvimento preferencial de alguns em detrimento de outros centros financeiros tira daqui uma explicação possível. Assim, hoje é mais evidente do que nunca como tudo isto vai para além da circulação geográfica puramente monetária. Seria, portanto, um grave erro considerar, como é costume, que os elementos monetários e cambiais são apenas um adendo de pouca importância, separado, às estratégias industriais de produção. Mas, se por um lado destacam-se as evidências de uma corrida desesperada da «economia real» na atual nova divisão internacional do trabalho, por outro, destacam-se os de uma «economia monetária» que procura proceder à redefinição hegemónica das referidas áreas monetárias significativas para o mercado mundial «unificado».

A questão das áreas monetárias assume, portanto, grande importância para identificar quais elementos de custo são expressos nas diferentes moedas principais e, em segundo lugar, em que moeda estão os bens finais com preço. A estrutura atual dos custos de produção e circulação das várias cadeias, ou série de cadeias de produção, nas diferentes áreas monetárias, ao invés do que nas áreas ou esferas de influência dos pólos opostos, inclui o efeito monetário de referência no faturamento, implicando a reorganização - centralização mais descentralização - do sistema produtivo industrial em escala mundial, com consequente recomposição internacional de todo o trabalho dependente. No período em que vivemos, portanto, continuar a referir-se apenas à separação e oposição dos polos imperialistas, como tal, pode enganar. Por outro lado, as «áreas monetárias» - embora se movam a partir de uma localização física bem identificável à qual corresponde necessariamente a estratégia política económica de hegemonia sobre o mundo - atravessam todo o mercado global. Assim, atualmente, uma grande empresa transnacional que, talvez após uma fusão, opera simultaneamente em todos os continentes, pode decidir em que moeda agir e isso inevitavelmente a coloca em uma determinada posição dentro da classe da qual faz parte. Neste sentido, é mais adequado ao conceito de imperialismo transnacional - aquisições, fusões e investimentos no exterior das próprias empresas - o que, por um lado, permanece nas estruturas produtivas existentes nas diferentes descentralizações ou em novas instalações, e, por outro, desloca a sua gravitação para a área monetária mais favorável, independentemente da localização territorial.

As áreas monetárias, portanto, não dizem respeito apenas às despesas de renda, mas principalmente ao pagamento de capital, ou seja, aos investimentos, agindo assim em um plano distinto da demanda por consumo final. No entanto, a circulação das mercadorias produzidas deve satisfazer todas as necessidades de pagamento (investimentos mais consumo) dos que podem ter a moeda necessária. O conjunto de circunstâncias semelhantes que vêm de um número potencialmente grande de países faz com que o controle efetivo do capital, mesmo especulativo, não dependa mais do «lugar» onde o capital particular reside e do qual emana nos «muitos» países, como era na clássica fase nacional estatuária do imperialismo, mas leva a transferir o poder real dos Estados dominantes, os quais redefinem assim seu papel específico. A atenção dada ao efeito monetário das possíveis diferenças de custos e preços é tal que explicita os seus efeitos diretamente sobre a taxa de lucro e não sobre a mais-valia produzida. É por isso que atravessa a circulação e a produção sem distinção, mas de tal forma que a redução dos custos de circulação também pode ser indiretamente decisiva para as estratégias de produção. Daí a relevância atual da atenção capitalista à economia também feita na esfera da circulação: tanto através da circulação que pode ser definida como «ordinária» , quanto através da circulação, por assim dizer, «forçada» (na realidade, produção propriamente dita, porque envolve subcontratação ou "terceirização"), baseada no intercâmbio desigual com os países dominados (através da distribuição despótica - pilhagem ou roubo da mais-valia, que é sumariamente estática ou pouco dinâmica).

Assim, uma vantagem do lado dos custos é o resultado dos menores custos de produção; ou seja, tanto os inerentes propriamente à (sub)produção, como os que afetam através da circulação. Assim, o alargamento da escala de atividade do capital não afeta apenas os custos de circulação propriamente ditos, mas estende-se à economia relativa a todos os custos empresariais. A capacidade de influência transnacional de cada moeda (com o dólar no topo da lista) está, portanto, ligada

CAPÍTULO IV

87

ao controle das áreas monetárias de referência. Como se transfere a riqueza produzida para outro lugar? Pagando os custos de produção em níveis mais baixos, por exemplo, em moedas locais, e vendendo a preços mais altos (o que, aliás, aconteceu regularmente na história do capitalismo). Redução nos custos globais, mas só se ocorrer no lado da circulação, que é a mais pura transferência e não gera um aumento líquido no valor e na mais-valia produzida. Quando se refere apenas à taxa de lucro, cuja queda cíclica é o que os capitalistas pretendem combater, tal efeito não age totalmente sobre o aumento do numerador da relação que define essa taxa, mas só é capaz de comprimir o capital antecipado, como medida colocada ao denominador, através da diminuição de todos os custos sem distinção. Existe, portanto, um limite "negativo", que pode ser significativamente afrouxado, comprimindo os custos que o contêm, mas isso ainda se choca com esse próprio limite. Portanto, até que a mais-valia colocada no numerador da relação seja ampliada em "positivo" – ou seja, até que alcance a verdadeira acumulação de capital em escala mundial – toda essa ação do lado dos custos só pode representar um paliativo de duração variável dependendo da margem de compressão de custos.

Neste sentido, deve ser dada importância estratégica à escolha dos planos de produção pelas grandes *holdings* financeiras, para cada setor ou cadeia de produção. Esta estratégia é de fato inerente tanto à deslocação de custos nos diferentes países dominados como aos preços de venda, dependendo da área monetária a que cada país faz a sua principal referência. Assim, para examinar devidamente as demonstrações financeiras - obviamente consolidadas - destas *holdings*, é necessário prestar a máxima atenção à composição dos custos e à definição dos preços, para avaliar globalmente a sua operação. É aqui que entra a questão dos custos: se são pagos em moedas locais menos valiosas, em comparação com os preços finais de venda, ainda faturados principalmente em dólares, pelo que a diferença que surge da incidência das diferentes áreas monetárias se transforma em maiores (ou menores) lucros. A apresentação midiática do conflito monetário como mera questão do preço das moedas - atribuível a «simples» flutuações da taxa de câmbio em busca de um equilíbrio inefável - é útil para a classe dominante esconder o conflito substancial entre irmãos inimigos que, na presente fase, se desenvolve na luta destinada a incorporar dentro de sua área monetária o maior número de países dominados, com o objetivo de contrastar a atual compressão das taxas de lucro. A contradição disso desdobra-se no fato de que desta forma focamos sobre a estrutura de custos das *holdings* financeiras dos países dominantes em relação aos preços finais de venda: isso altera apenas acidentalmente a massa de neo-valia e, portanto, de mais-valia produzida que, especialmente em uma fase aguda de crise como a atual, prejudica simetricamente as possibilidades de acumulação dos outros capitais em situação crítica parecida.

Não há dúvida de que, apesar das óbvias dificuldades de acumulação que coincidiram com a suspensão unilateral dos acordos de Bretton Woods - anteriormente referidos - o dólar representou a moeda de referência para a maioria das transações internacionais - excluindo as dos países socialistas - garantindo assim aos EUA uma posição de hegemonia a nível imperialista pelo menos até o final do século XX. O ambicioso projeto de unificação monetária, que então surgiu na determinação do euro, teve exatamente o objetivo de ampliar as contradições que entretanto surgiram no contexto dos EUA, tentando criar - para o uso do capital europeu, com liderança franco-germânica - um verdadeiro antagonista capaz de inverter as hierarquias existentes e aparentemente consolidadas naquele momento. Esse conflito fratricida, muito difícil de ler ao longo dos anos, mas sempre presente, surgiu com toda a força quando entre 2010 e 2012 o capital ligado ao dólar, através da ação especulativa sobre a dívida, inicialmente da Grécia, e depois de todos os países do Sul da área monetária do euro, decidiu ajoelhar definitivamente o potencial antagonista. Mas este foi apenas um dos últimos ataques, talvez simplesmente o mais explícito.

O conflito dólar/euro escondeu-se em guerras aparentemente desencadeadas por outras razões, que em parte eram prováveis, em parte eram inteiramente fictícias - como foi amplamente demonstrado nos anos seguintes. Refere-se a dois dos cenários de guerra mais sangrentos das últimas décadas, ou seja, aqueles que viram a ocupação, devastação e pilhagem do Iraque e da Líbia. Vale lembrar como os presidentes de ambos os países – produtores de matérias-primas – antes de serem violentamente eliminados justamente por forças especiais ou em situações não bem compreensíveis tinham sido amplamente apoiados economicamente, politicamente e militarmente pelos Estados Unidos ou por países da OTAN. A referência é a Saddam Hussein e a Mohammad Gaddafi, presidentes do Iraque e da Líbia, respectivamente, que foram atacados precisamente na sequência da proposta de fixar o preço do seu petróleo em euros. Não queremos dizer aqui que esta foi a única razão do conflito, muito menos que as coisas aconteceram com uma sequência temporal imediata; mas certamente a questão tinha um peso específico considerável. De fato, se estes projetos fossem concluídos, teriam um impacto significativo, tendo em conta a quantidade de reservas energéticas controladas por ambos os países. Em teoria, isto teria de fato afetado significativamente a centralidade do dólar no papel de reserva principal a nível global, permitindo que o euro - e o capital do qual é expressão - se estabelecesse de forma igualmente sensível. O dólar americano teria perdido, dessa forma, aquele papel hegemônico que continuou a assumir, que numa fase de crise era algo que o capital ligado à nota verde defenderia a qualquer custo, e assim foi.

Após anos de relativa pacificação, a questão voltou a agravar-se após o surgimento da chamada crise financeira de 2008. Sem dúvida, o papel do capital fictício foi importante; no entanto, foi o que coincidiu com a falência pilotada do gigante bancário Lehman Brothers, a manifestação mais flagrante da crise endêmica que, como vimos anteriormente, vem se configurando há várias décadas. Nas semanas seguintes daquele fatídico setembro de 2008, os índices da bolsa de valores alcançaram negativamente todos os recordes e fracassos, e a «libertação» da força de trabalho também dizia respeito à classe média alta empregada nos escritórios de Manhattan que, talvez pela primeira vez, entendesse o quão feroz o sistema de capital pudesse ser, mesmo para aqueles que não tinham ideia ou vontade de se identificar com a classe trabalhadora da qual fazem parte, querendo ou não. No continente europeu, na realidade, apesar das dificuldades naturais ligadas à incapacidade de um aliado histórico como os EUA de se recuperar no curto prazo, a situação económica geral não parecia tão comprometida. A enorme onda que arrastou os europeus apareceu em 2010, quando um enorme ataque especulativo pôs de joelhos uma parte significativa dos membros da união económica.

A 8 de fevereiro de 2010 vários gurus das finanças dos EUA se reuniram na casa de um pequeno corretor local (Monness, Crespi, Hardt & Co.), representantes do Soros Group, Sac Capital, Greenlight Capital, Brigade C. e Paulson & Co. (sem confundir com o ex secretário do tesouro de Bush Jr., que aliás num passado mais recente foi até administrador adjunto da Goldman-Sachs, e que, segundo alguns, até atuava contra o capital especulativo). Embora poucos dos nomes mencionados falem sobre seu potencial ganancioso, certamente a reunião representava uma séria ameaça à vida de milhões de trabalhadores, pois, sendo na época os mais importantes gestores de *hedge funds* (fundos de cobertura) do mundo, é claro que cada convergência de intenções deles pode causar verdadeiras tempestades em qualquer mercado de cada país. Naquela segunda-feira de fevereiro, esses personagens decidiram que era hora de atacar: no entanto, com uma descontinuidade óbvia em relação ao passado, o objetivo não era as economias dos países "terceiro-mundistas", mas os apêndices mais fracos da área do euro. Através do instrumento de *swaps* de inadimplência de crédito (um dos produtos financeiros «derivados» mais difundidos), estes sicários de capital decidiram, portanto, atacar fortemente as economias daqueles países que desde então são definidos como P(i) igs desprezíveis, porcos: Portugal, Irlanda, Itália, Grécia e Espanha.

A chamada «ideia do jantar» se baseou em investir fortemente na depreciação do euro que, desde o máximo alcançado no final de 2009 de US $ 1,50, nas previsões dos especuladores, poderia ter chegado a US $ 1 após uma ação arquitetada e simultânea destinada a se esconder nas contradições mais óbvias da área do euro, Assim, o objetivo era atingir o *vilnus* do continente para desestabilizar toda a área do euro. A partir da reconstrução dos fatos, parece que foi precisamente o chefe do fundo de cobertura Brigade Capital, Donald Morgan, que identificou no endividamento grego a brecha para inserir o espinho para criar, segundo ele, um efeito dominó útil para levar rapidamente aos resultados desejados. A ideia deve ter convencido os presentes tanto que, já durante a semana do «jantar», o volume de apostas em baixa no euro atingiu o nível máximo, segundo o admitido pela Morgan Stanley, de 60.000 futuros negociados. Não é por acaso que, apenas alguns dias após 8 de fevereiro, a taxa de câmbio com o dólar americano atingiu um mínimo de 1,35 €, registrando uma queda evidentemente manobrada por uma série de operações bem planejadas e coordenadas. Afinal, pessoas como Soros já nos anos 1990 lideraram a operação de especulação sobre a libra esterlina, embolsando cerca de um bilhão de dólares em lucros no final dos jogos, forçando a Inglaterra a sair do mecanismo europeu das taxas de câmbio, resultando em um massacre às condições dos trabalhadores do país.

Uma vez estabelecida a irrepreensível "moralidade capitalista" dos comensais da grande farra nova-iorquina, é apropriado refletir sobre os motivos que os levaram a considerar alta a probabilidade de sucesso de uma operação tão ambiciosa, precisamente porque direcionada ao coração de uma das cadeias de suprimentos dominantes do modo de produção capitalista, ou seja aquela ligada ao euro. Falou--se muito sobre os truques contabilísticos inventados pelo anterior governo grego conservador de Costas Karamanlis, que declarou um déficit público significativamente inferior aos muito pesados 12,7% descobertos e posteriormente admitidos pelo governo social-democrata do Pasok de Papandreou (três vezes superior aos níveis máximos concedidos na área do euro pelo pacto de estabilidade) que representavam uma situação generalizada de crise da economia helênica - por cima da qual pesa o fardo da ilegalidade (a assim chamada economia submersa) que alcança, segundo estimativas, um terço do total da riqueza produzida localmente.

Certamente, o colapso da Grécia representou um campo de testes para a (in)stabilidade política da área do euro. Muitos se apressaram em acusar a Alemanha e Merkel, em particular, de hesitar e perder, por si só, um tempo precioso para intervir no resgate do Estado helênico: os cenários mais variados foram temidos, incluindo o retorno da Grécia ao dracma e a inevitabilidade da inadimplência da economia local devido à excessiva proximidade da expiração de muitos títulos públicos. Muitos reclamaram imediatamente a intervenção maciça e imediata do BCE que, através da compra de títulos da dívida pública dos Estados em dificuldade, poderia ter contrabalançado o ataque, estabelecendo uma barreira no violento abismo que, entre o final de abril e os primeiros dias de maio de 2012, fez tremer três quartos da Europa. No entanto, o artigo 123 do Tratado de Lisboa impõe limites objetivos ao Banco Central Europeu, impedindo-o de comprar directamente títulos de dívida emitidos por governos ou outras entidades do sector público: ao mesmo tempo, no entanto, o mesmo artigo não impede sua compra através de operações definidas de mercado aberto. Isto significa que o BCE, de acordo com algumas interpretações do Tratado, tem o direito de comprar os títulos da dívida de cada Estado da UE como se fosse qualquer investidor: para o fazer, portanto, tem de doar quantidades significativas de euros, que são imediatamente despejadas no mercado obrigacionista.

Enquanto se aguardava a promulgação da resposta mais significativa ao ataque especulativo - a flexibilização quantitativa - na noite entre 9 e 10 de maio do mes-

CAPÍTULO IV   91

mo ano, além dos 110 bilhões de euros já alocados para garantir os proprietários das responsabilidades gregas de vencimento imediato, o BCE emitiu um enorme escudo de 750 bilhões de euros, composto por uma miríade de ferramentas financeiras, com o objetivo de oferecer estabilidade aos mercados das bolsas europeias e assim garantir o "desbloqueio" da liquidez que os operadores lamentavam. A famosa frase pronunciada por Mario Draghi «defenderemos o euro a qualquer custo», mais conhecida como *whatever it takes*, traçou o caminho para uma clara sedimentação das relações de poder. A mensagem que foi transmitida ao capital ligado ao dólar consistia basicamente em tirar todas as dúvidas de que outros cenários – como o retorno às moedas nacionais, constituir um euro "série" B para os países mais endividados – não eram plausíveis, independentemente do nível do ataque. A própria ideia de definir as ferramentas financeiras permitidas para evitar futuros ataques, chamadas de "bazooka", remete claramente a um vocabulário de guerra. A próxima luz verde - muito conturbada - para uma política monetária expansiva substancial do BCE (permitida apenas porque a inflação estava abaixo da meta de 2/3%) abriu o caminho para a flexibilização quantitativa à moda europeia, que contribuiu para inundar o mercado mundial com liquidez.

Outra etapa de grande *pathos* ocorreu alguns meses depois, exatamente durante o verão de 2015, quando, após a falência pilotada da Grécia, o governo Tspiras decidiu interromper a negociação com a chamada *Troika* (BCE-UE-FMI) sobre o refinanciamento da dívida. Resumidamente, ao pedido das instituições para trazer sob controle a dívida que cresceu enormemente, as propostas do governo grego responderam com base principalmente na recuperação da evasão fiscal e no aumento da tributação de grandes ativos e capitais. Essas posições colidiram fortemente com as necessidades das instituições de continuar a assediar os trabalhadores gregos através do aumento da tributação indireta, inclusive sobre bens de primeira necessidade, cortando as pensões e salários dos funcionários públicos e prolongando a idade de aposentadoria com efeito quase imediato. A então presidente do FMI, Lagarde, enfatizou que o aumento do imposto direto sobre os grandes capitais poderia resultar em um número fiscal incerto, enquanto o aumento do imposto sobre os trabalhadores alcançaria um resultado muito mais seguro: por trás da obviedade de declarações deste tipo - um aumento dos impostos diretos sobre os empregados fornece receitas fiscais garantidas, ao contrário da volatilidade de grandes patrimônios e capitais - precisamos enxergar uma tomada de posição evidentemente rígida, claramente classista. Que uma grande parte dos trabalhadores gregos já estava há anos em situação de pobreza absoluta, que os hospitais não eram mais capazes de fornecer os cuidados básicos; que alimentos vencidos eram vendidos em supermercados; que havia um exército de pessoas que viviam permanentemente na rua ou em carros; e que, diante de tudo isso, armadores e homens e mulheres das grandes finanças internacionais desfrutavam diariamente das belíssimas ilhas do arquipélago, isso não era sentido como problema imediato ou, de qualquer forma, como uma prioridade.

A convocação de um referendum popular sobre as condições propostas pela *Troika* teve um efeito perturbador: a vitória inesperada do "não" (OKI) no referendo, ou seja, a rejeição popular dessas condições, resultou em um terremoto político que levou à divisão interna do governo, já que as posições mais radicais, representadas por Varoufakis, pediram para dar seguimento ao resultado das consultas e foram derrotadas por aquelas do presidente Tsipras. Assumindo uma responsabilidade política de dimensões não negligenciáveis, ele decidiu inverter o resultado aceitando o programa de "lágrimas e sangue" proposto pelas instituições supranacionais. Anos mais tarde, podemos sem dúvida dizer que as condições de vida das classes populares gregas pioraram visivelmente. Por outro lado, desde então, praticamente todos os títulos da dívida pública grega (*junk bonds*, ou seja, títulos de lixo) foram retirados dos balanços de capital privado porque foram comprados pelo setor público.

Em outras palavras, as mesmas instituições permitiram que a maioria dos títulos da dívida helênica - flagrantemente incobráveis - fossem comprados pelo setor público de cada Estado-membro, aliviando, portanto, a carga dos bancos privados. De fato, os capitais mais expostos, como se sabe, eram os franceses (79 bilhões de euros) e, em seguida, os alemães (45 bilhões de euros); à distância, os holandeses (12 bilhões de euros) e italianos (7 bilhões de euros); mas acima de tudo, é importante lembrar que se tratava exclusivamente de entidades privadas. Com uma operação «extraordinária», do ponto de vista de classe, em poucos anos, o montante destes títulos foi redistribuído entre os orçamentos públicos dos quatro países com o maior PIB. Violando de fato as proporções anteriores, as manobras implementadas resultaram numa situação tal que, no final de 2015, os alemães ainda detinham a maior quota de títulos (62 bi no setor público, 14 bi no privado); em seguida, França (47 bi apenas no setor público), Itália (41 bi, setor público) e Espanha (27 bi no setor público). Em resumo, confirma-se mais uma vez que a lei da privatização dos lucros e da socialização das perdas se torna fundamental, especialmente nas fases de crise; que o fundo salva-Estados, que é a base desta manobra, descarregou sobre os dois *pigs* mais importantes (Itália e Espanha) a maior parte do peso desses títulos-lixo e, sobretudo, sobre o seu setor público.

Nesse quadro, é necessário compreender quais são as causas materiais do conflito ucraniano-russo e suas perspectivas, para além das leituras ideológicas e das manifestações que podem assumir - tanto num sentido estritamente bélico como no âmbito «diplomático». O confronto ucraniano-russo faz parte de um conflito monetário semelhante ao consumado há alguns anos entre o dólar e o euro, mas que na sua forma difere muito, vendo desta vez confrontados o capital ligado ao dólar, em evidente perda de "appeal", e o capital ligado às moedas asiáticas. No caso específico, porém, o nível de confronto parece ser maior não apenas pelo amplo uso de armas de última geração no campo, mas também pelo número de envolvidos e pelas dificuldades persistentes de acumulação, que impedem o capi-

CAPÍTULO IV

tal mundial de ter que dividir ações de mais-valia que se revelam cada vez mais insatisfatórias. Este aspecto torna-se mais claro mesmo que se observem cuidadosamente as modalidades e consequências das sanções que a Europa e os EUA impuseram e que, no projeto inicial, deveriam ter ajoelhado economicamente, em poucas semanas, a Rússia.

Seguindo um padrão já aplicado contra nações consideradas «hostis» (Líbia, Afeganistão, mas também Venezuela), a primeira medida consistiu no congelamento dos fundos do Banco Central russo. Ainda não há certeza sobre o valor total «apreendido», mas varia de 300 bilhões de dólares (segundo as autoridades russas) até os 1.000 bilhões de que o ministro da economia francês Le Maire falou explicitamente. Em qualquer caso, foi uma quantidade sem precedentes, sobre cuja legitimidade internacional há muitas dúvidas, considerando o fato de que todo o mundo – com exceção dos EUA, da Europa e de alguns de seus satélites – ter mostrado explicitamente hostilidade a tais manobras. Depois, passamos à exclusão das principais instituições financeiras russas da plataforma de intercâmbio financeiro internacional mais utilizada do mundo (SWIFT), a fim de bloquear as transações internacionais russas mesmo com aqueles países que, de fato, têm pouco ou nada a ver com o pacote de sanções. O terceiro passo, provavelmente o mais vinculativo, incluiu a proibição das importações de petróleo e gás russos por parceiros dos EUA (portanto, incluindo a área do euro).

Se, para os EUA, a questão não teve impacto direto - uma vez que que não importam mais gás da Rússia desde 2019 - as consequências para os países europeus foram potencialmente catastróficas. Na sua totalidade, antes da guerra, os estados da UE importavam 40% das necessidades totais de gás e 25% das necessidades de petróleo da Rússia. Para contornar um desastre inevitável, os EUA prometeram ao mesmo tempo aumentar as exportações de gás líquido para a Europa e manter tais aumentos pelo menos até 2030 a preços, como era esperado, mais elevados. De todos eles, o capital ligado ao euro de origem alemã paga o preço mais elevado, uma vez que é de fato forçado a suspender definitivamente - mesmo antes das conhecidas manobras de sabotagem de presumível origem OTAN - a atividade do gasoduto *Nord Stream2*, concluído em 2021, o gasoduto mais longo do mundo, que liga a Rússia à Alemanha através do Mar Báltico, e que deveria ter providenciado a maior rede de abastecimento de toda a UE. Os resultados desta escolha são imediatamente evidentes, e também é claro que tais manobras refletirão no desempenho da economia continental por vários anos, talvez décadas.

A primeira reação das autoridades russas, embora possa ter parecido pouco compreensível, mostrou a importância que as moedas assumem neste conflito e, por outro lado, neutralizou substancialmente as ambições ocidentais que, na sua parte europeia, pagaram a maior fatia da conta. A jogada inicial previa o pagamento do gás exclusivamente através de moeda russa. Isso exigiu que aqueles que precisavam dessa matéria fundamental adquirissem rublos diretamente ou procedessem à compra através do canal exclusivo do *Gazprombank* em condições obviamente vantajosas para o vendedor. Em geral, para obter moeda estrangeira é preciso seguir caminhos trilhados: a primeira é trocar a sua moeda (ou uma mais valiosa, como dólar, euro ou ienes) pela moeda que necessita. Ou pode proceder exportando mercadorias reais para aquele país, cujo Banco Central cobre a moeda da qual precisa (e pedir o pagamento da mesma através dele), ou agir em mercados monetários de terceiros. Assim, esse movimento foi estrategicamente concebido para subverter o sinal de uma das sanções mais importantes, nomeadamente a que bloqueou as reservas internacionais do Banco Central russo detidas em contas correntes estrangeiras, criando as condições para um novo afluxo, autónomo, de moeda valiosa para os cofres russos, necessário para honrar empréstimos contraídos e comprar mercadorias estrangeiras.

Além disso, teve o efeito claro de conter a queda livre do preço do rublo, dando-lhe novamente um poder de compra adequado. Na verdade, esse movimento tinha como objetivo dizer ao mundo que qualquer intenção de especular sobre o rublo (como aconteceu com o euro anos antes) encontraria não apenas o Banco Central russo pronto para reequilibrar o mercado, mas também, acima de tudo, a enorme demanda por gás e commodities naturalmente agiria como uma muralha contra esses impulsos. Depois de algumas semanas as sanções se mostraram totalmente ineficazes, tanto em isolar a Rússia economicamente, quanto em enfraquecer diretamente o rublo, mas também porque se sabe que, depois da China, é justamente a Rússia que é o mais importante produtor de ouro do mundo. E, portanto, um país que detém grandes reservas de ouro - apesar das apreensões ilegais - e grandes reservas de matérias-primas, muito dificilmente pode ver o valor da sua moeda despencar. Precisamente o atrelamento momentâneo ao ouro permitiu, de fato, uma rápida reabsorção do colapso inicial, que já em um mês foi cancelado, e o rublo atingiu assim a mesma taxa de câmbio que teve com o dólar americano nos dois anos anteriores ao início da invasão russa. Além disso, enquanto os bancos centrais dos EUA e da Europa lutavam com o aumento das taxas - o que alimentava o descontentamento interno - o rublo continuava a valorizar-se nas moedas mais importantes. Em maio de 2022 - apenas dois meses após o início das sanções - eram necessários apenas 58 rublos para comprar um dólar americano (não mais 75) e isso levou a Bloomberg a atribuir ao rublo o título de moeda mais rentável do ano.

As consequências mais palpáveis do embargo à Rússia pesam naqueles que foram os seus parceiros comerciais mais importantes, especialmente para as matérias-primas e energia, ou seja, os países da área do euro. Uma manobra tão claramente suicida foi imposta à Europa pelos EUA, incluindo uma substituição inevitável - pelo menos em parte - da origem do gás que, por estas razões, não poderá mais chegar através dos gasodutos *North Stream*, mas chegará através do Oceano

Atlântico. É claro que os custos de uma hostilidade tão elevada à Rússia são assimétricos, mesmo dentro dos membros do Pacto Atlântico, enquanto os benefícios vão, quase completamente, numa única direção: a dos EUA. Na verdade, a substituição, parcial, das importações de gás da Rússia para os Estados Unidos é um processo longo e caro, incluindo novas despesas relacionadas ao processo de processamento e distribuição, transporte em petroleiros, terminais de carga e descarga, infraestrutura de armazenamento, regaseificação e conexão aos gasodutos tradicionais. Obviamente, tudo a cargo dos membros da UE. A construção das infraestruturas para gerenciar o armazenamento desses bens também envolve investimentos enormes e isso só pode ser descarregado nos preços para os usuários finais: ou seja, os povos europeus terão que se resignar a conviver com o aumento dos preços da energia pela simples razão de que um de seus «aliados» decidiu, por conta própria, excluir da lista de seus fornecedores o maior e mais barato.

Esta importante mudança, que penaliza as classes mais vulneráveis dos países ligados ao euro, no entanto, também vê vencedores. Que não podem deixar de ser os produtores do sector da energia baseados nos EUA que vêem a abertura de um enorme mercado com uma demanda paga próspera, nomeadamente o europeu. É de se lembrar que o sector energético dos EUA estava a começar a entrar em crise e tal saída representa uma grande tábua de salvamento. Depois de 2008, muitos pequenos produtores americanos investiram muito no setor de energia: entre 2011 e 2014, a produção de gás natural liquefeito dos EUA aumentou 70% e, em 2018, os EUA se tornaram o maior produtor mundial de petróleo, superando a Rússia e a Arábia Saudita. Já no final de 2019, e, portanto, pouco antes da crise pandêmica, havia quem vislumbrasse no setor de energia dos EUA um dos lugares dentro dos quais a explosão de mais uma crise aninhava, devido a uma enorme exposição à dívida e a um excesso de produção. Não é por acaso que já durante a construção do gasoduto *North Stream2*, os EUA fizeram de tudo para se opor ao projeto, obviamente violando todas as normas de direito internacional, obtendo apenas com intervenção militar o abandono definitivo do mesmo. Assim, os EUA conquistaram um novo e importante mercado de saída para as suas próprias empresas produtoras de matérias-primas, impedindo à força qualquer forma de aliança entre a Rússia e os países da área do euro.

O quadro axcima mostra claramente pelo menos duas coisas. Em primeiro lugar, que na última década o conflito dólar/euro foi definido com a vitória esmagadora do capital ligado à moeda americana que, no antigo concorrente, vê agora um aliado em cima do qual pode agir sem problemas e ao qual pode impor decisões, mesmo quando estas entram explicita e poderosamente em conflito com os interesses económicos da área. Além disso, parece igualmente evidente que o conflito monetario entre capitais - atualmente resolvido entre o dólar e o euro - assumiu uma amplitude maior, envolvendo, por um lado, o dólar e, por outro, as moedas asiáticas - em particular o rublo e o yuan. Ou seja, o russo-ucraniano

Queda do PIB mundial - EUA vs. Cooperação de Shanghai
1 *dólares constantes, 2005*

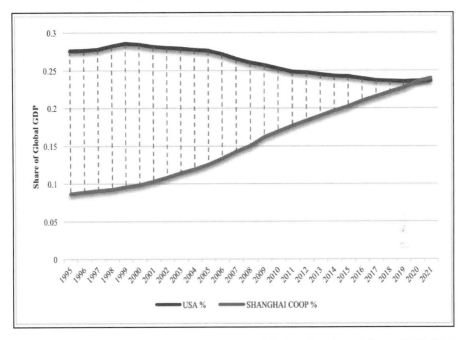

Fonte: *Elaboração própria baseada nos dados do World Development Indicators - The World Bank*

---

1 Para simplificar, no gráfico foram colocados os dados dos países mais expressivos: Índia, China, Irã, Paquistão e Rússia.

nos parece mais um conflito por interpostasa pessoas em que, através da OTAN, o capital ligado ao dólar tenta enfraquecer a área monetaria ligada ao yuan que, entretanto, está crescendo economicamente de forma extraordinária, competindo explicitamente contra a hegemonia dosa EUA sobre todo o sistema de capital. O peso relativo das maiores economias da Organização de Cooperação de Xangai (China, Índia, Rússia, Irã e Paquistão) ultrapassou o dos EUA desde pelo menos 2021, recuperando uma distândia que em meados dos anos 1990 poderia parecer inquebrável. Isso implica, portanto, que a centralidade do dólar e dos EUA, sancionada no final da Segunda Guerra Mundial - por mais que tenha tido sua importante longevidade - chegou a um ponto de virada. No entanto, do ponto de vista monetário - principalmente no que diz respeito à detenção para fins de reserva internacional, função que vimos como propedêutica para uso no comércio de mercadorias e capitais - a situação apresenta uma realidade muito diferente e desproporcional ao peso que esses países alcançaram ao longo do tempo.

Porcentagem de reservas internacionais por moeda (4º trimestre de 2022)

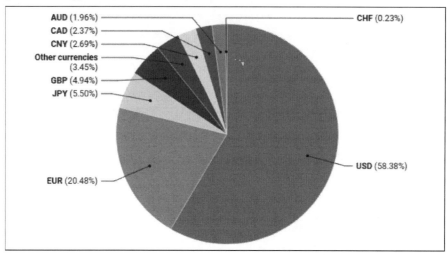

Fonte: *Processamento em dados do FMI*

Apesar do enorme déficit externo dos EUA (em 2021 chegou a -18 trilhões de dólares) ainda hoje, a nota verde representa quase 60% das reservas internacionais - embora em 1999 estivesse em mais de 71%, enquanto o euro para em torno de 20%. O yuan, CNY, por outro lado, apesar do importante peso específico alcançado, ainda não é objeto de atenção proporcional, representando menos de 3% das reservas mundiais. Se olharmos para os dados relativos aos pagamentos internacionais via SWIFT, surge um quadro muito semelhante, uma vez que 40% das trocas, no final de 2022, eram mantidas em dólares e pouco mais de um terço em euros. Mesmo no que diz respeito às obrigações, as emitidas em yuan ainda demoram a ultrapassar 3% das do mundo inteiro. Além disso, considerando também que a China se tornou o parceiro comercial mais importante para 61 países, enquanto os EUA param em 30, parece sensato que essa desproporção naturalmente terá que ser reabsorvida e isso inevitavelmente resultará em uma redução do papel do dólar com um crescimento importante das moedas dos países da Organização para a Cooperação de Xangai.

Certamente, os formidáveis investimentos ligados à chamada "Nova Rota da Seda" atuarão como um veículo para uma internacionalização do yuan que, no entanto, no momento ainda não tem a ambição de despojar o irmão-inimigo EUA, mas que, certamente, poderá ajudar naquele processo de *desdolarização* que alguns analistas entendem como plausível.[2] Não pensamos que seja por acaso que o primeiro país que lançou oficialmente uma estratégia explícita de *desdolarização* foi a Rússia, em

---

[2] Luft G. e Korin A. (2019), *De-dollarization. The revolt arganiste the dollar and the rise of a new financial order*.

2018, na sequência das sanções devidas à ocupação da Crimeia, vendendo os títulos denominados em dólares, substituindo as suas reservas internacionais em parte por euros e em parte por yuans, e exigindo o pagamento em euros do gás e outras matérias-primas vendidas aos europeus. E isso é algo que os EUA nunca perdoaram. Além disso, deve-se acrescentar que o inevitável processo de *desdolarização* não ocorrerá nas mãos do irmão-inimigo do euro, mas por um grupo de moedas alternativas que, sem dúvida, também incluirá o yuan.

Tendência das reservas internacionais de moeda estrangeira (1999-2021)

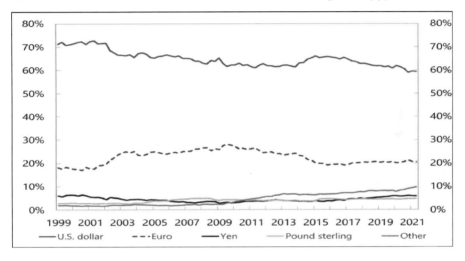

Fonte: *Composição Monetária do FMI das Reservas Oficiais de Câmbio* (COFER) 3

O capital ligado ao dólar não pode sofrer passivamente esta tendência que, embora pareça lenta no momento, poderá prejudicar fortemente a sua centralidade e a própria estabilidade de uma economia, a dos EUA, que há décadas luta para se recuperar, e que só consegue financiar continuamente os seus deficits graças à importância que o próprio dólar ainda tem a nível internacional. O ataque, através da OTAN, à Rússia, deve, portanto, ser considerado como uma primeira etapa de uma guerra que sem dúvida será mais longa e também envolverá diretamente sujeitos que no momento se sentem no foco de ataques, mas que consideram apropriado não se envolver diretamente nas operações de guerra.

---

3 A categoria "outros" contem o dólar australiano, o canadense, o yuan, o franco suíço e outras moedas menores.

V

GUERRA UCRÂNIA-RÚSSIA:
UMA LEI DA GEOPOLÍTICA?

*José Alexandre Altahyde Hage**

* Professor do Departamento de Relações Internacionais da Universidade Federal de São Paulo, campus de Osasco, e do Programa de Mestrado em Relações Internacionais da Universidade Federal do ABC, campus de São Bernardo do Campo.

O texto que segue faz parte de reflexão que não tem compromisso de ser original nem teoricamente reducionista sobre questão que demanda demorado estudo. Nosso intuito é tão-somente contribuir para que o debate se alargue e busque audiência diversificada sobre conflito que tomou parte em um continente que se enxergava como acima dos pressupostos realistas ou das demandas geopolíticas. Será que a Europa não conseguiu superar a tradicional política de poder, da qual se acreditava ter se esgotado por meio de integração econômica regional, e da relativização desejada das soberanias nacionais? Demonstra a coletânea publicada no Brasil, de Stefano Guzzini, que, apesar dos arranjos institucionais de Bruxelas, a geopolítica voltou para a Europa justamente após a Guerra Fria, quando se acreditava na extinção de comportamentos considerados contraproducentes para a boa vontade da diplomacia, da racionalidade, e do apego ao direito internacional. Rússia, Turquia e Alemanha não ficariam indiferentes aos novos tempos por apresentar políticas revisionistas ou contrariá-las com a dos outros Estados.

Por sua vez, a Rússia passaria por algum processo de reconstrução de seu poder nacional para sair da solvência na qual fora jogada nos anos 1990. A emergência do poder russo atrapalharia planos ocidentais para atrair antigas posses da ex-União Soviética, como Georgia. A Turquia não deixaria de se esforçar para ser o polo de atração sobre áreas "turcofonas" que anteriormente pertenciam ao espaço soviético. Já a própria unificação alemã seria suficiente para indicar que o retorno da geopolítica na Europa seria apenas questão de tempo. Um parêntese, a geopolítica nunca havia deixado de existir no Velho Mundo; talvez ela havia hibernado quando se tratava de expressão de poder nacional das unidades políticas que não podiam exercer sua estratégia de modo unitário nem em grupo, pois o continente era subordinado militarmente aos dois blocos de poder: OTAN e Pacto de Varsóvia. Com o fim do agrupamento de segurança da União Soviética só restou a Aliança Atlântica.

CAPÍTULO IV

E por que a geopolítica retorna à Europa que tanto esforço emprega para superar a era das soberanias nacionais, inaugurada pelo Tratado de Westfalia, de 1648, para adotar um regime federal no qual o poder tradicional dos Estados é relativizado em nome de uma experiência humana supostamente enriquecedora, cosmopolita e supranacional? Será porque ainda há imbróglios que não foram tão bem resolvidos, que emergem sob ressentimentos? Com efeito, foi depois da Guerra Fria que apareceu o fratricídio eslavo, entre os herdeiros da tradição católico-romana, dos croatas, contra o legado católico-ortodoxo dos sérvios. Também foi depois de 1991 que houve limpeza étnica sobre os bósnios islâmicos. E ainda poderemos falar na criação de mais Estados territoriais resultantes desse drama: Eslovênia, Eslováquia e Moldávia. Apesar dos esquemas que indicavam o fim da política do poder, a geopolítica foi a expressão mais acabada, que incentivou a criação de novas unidades políticas e o sentimento de insegurança de outras. Por conseguinte, a guerra entre Rússia e Ucrânia não é somente um embate militar no Velho Mundo; ela é também uma guerra por procuração. Trata-se de um enfrentamento entre duas concepções políticas na qual uma das pontas está na Organização do Tratado do Atlântico Norte (OTAN), a aliança que congrega, praticamente, todo o continente europeu sob a liderança e fomento dos Estados Unidos, a hidra que concebe o que deve ser enfrentado militarmente, bem como seus custos que são cobertos pelos Estados-membros. Porém cabe a Washington se encarregar financeiramente pela maior parte da organização, bem como pela montagem do programa estratégico que a entidade deve adotar.[1] Do outro lado da arena está a Rússia, país chave que herdou o espólio da antiga União Soviética, em 1991, deixando uma cena de angústia e incertezas. Isto porque o fim da Guerra Fria não traduziu aquilo que se esperava em grande parte pelos entusiastas da *nova ordem*: democratização da política internacional, desenvolvimento geral, liberalização comercial etc. Aos poucos, o mundo havia voltado à sua tradicional política do poder, na qual as fronteiras, tamanho do território e da demografia passaram novamente a contar.

Após um breve período de encantamento, de 1990 a 1994, a Europa já havia voltado a ser palco de guerras convencionais. O desmantelamento da antiga Iugoslávia e os desdobramentos violentos daquele conflito, com recriação de novos Estados territoriais, alguns sob princípios étnicos, nos revelou que a paz esperada seria apenas questão de tempo para que acabasse. Tanto os Balcãs quanto a Rússia ressurgida ainda teriam papel a cumprir em uma nova ordem que fora condicionada para ser dirigida por uma única superpotência. Os Estados Unidos, durante os anos 1990, haviam levado a OTAN a dar cabo dos descalabros da ex-Iugoslávia; talvez (ou por causa disso) o poder americano tenha se visto como necessário

---

[1] Mearsheimer adota também esse debate na academia norte-americana. A expansão da OTAN no setor oriental da Europa, para o autor, não é desvencilhada de projeto de poder de Washington com o intuito de imprimir o poder americano e, ao mesmo tempo, sublinhar qual é o papel da Rússia na ordem internacional (MEARSHEIMER, 2007).

para cumprir tarefa que se julgou ter sido essencial após o fim da Guerra Fria: enquadrar a Rússia na condição de potência periférica e limitada dentro de sua tragédia política e econômica que a levou a retroceder ao século retrasado. Assim, nada mais conveniente para assistir aos Estados Unidos como potência reguladora da política mundial do que o afastamento de qualquer potência concorrente, seja ela qual for.

Na verdade, os Estados Unidos haviam tomado gosto por resolver certos problemas europeus. A guerra dos Balcãs, dos anos 1990, havia deixado claro que as potências locais não tinham condições de neutralizar o conflito, nem Alemanha ou França. Washington havia liquidado a fatura ao autorizar intenso bombardeio da OTAN sobre Belgrado. Os horrores daquela guerra haviam diminuído bastante. Então, por que não encarar a Rússia? A guerra pode ser por procuração por parte dos Estados Unidos, que jogam os membros da OTAN sobre a Europa Oriental contra a Rússia. Mas não se pode dizer, sem correr risco de imprecisão conceitual, afirmar que Moscou faz a mesma coisa contra o Ocidente. Quem o poder russo alimenta, ou joga na linha de frente, contra a Ucrânia e seus incentivadores? Pode-se dizer que na atual campanha militar a Rússia recebe assistência de China e Índia? Pequim e Nova Deli se afinariam, de fato, com Moscou contra a preeminência norte-americana? Pensamos que a Rússia caminha praticamente sozinha nessa guerra.

Desta forma, pensamos que compreender a guerra europeia, ou pan-europeia, é lícito utilizarmos de literatura clássica ou de referência para estudos de geopolítica e de relações internacionais. A razão para isso é que tal embate não está registrado somente nos imperativos políticos da atualidade, sua existência pode ser resultado de forças do passado que não foram bem resolvidas ou concluídas de modo satisfatório para as potências que foram relevantes na cronologia da política internacional nos últimos cinquenta anos. Afinal, no ocaso da Guerra Fria, qual seria o papel a ser desempenhado pela Rússia, uma Rússia bastante machucada por sua desestruturação como grande potência de outrora? Era para ser Moscou o centro de uma potência decisiva das questões internacionais ou apenas um ator que gozasse de certa importância, mas limitada em face da OTAN e da União Europeia? Em outro aspecto, a guerra entre Rússia e Ucrânia cumpriria uma lei da geopolítica, uma vez que ela marcaria o clássico embate entre uma potência naval, hoje os Estados Unidos, contra a potência territorial, a Rússia? Estas são questões que certamente drenam nossa atenção por não terem respostas fáceis. Mesmo assim, vamos nelas nos adentrar.

Em 1835 o francês Alexis de Tocqueville escreveu em seu livro mais famoso, *A Democracia na América*, algo que pode ser relacionado com o período da Guerra Fria, de 1947 a 1991. O autor praticamente enxergou o futuro ao registrar que o mundo seria impactado por duas grandes potências: uma o influenciaria pela enxada e engenhosidade; a outra ganharia expressão pela espada, vale dizer, pela centralização, força e violência. Os países sobre os quais Tocqueville se referia são os Estados Unidos e a Rússia. O primeiro seria a terra da oportunidade e liberdade individual, que procuraria espalhar a democracia como forma suprema de governo pelo exemplo e virtude. A Rússia, sempre sob comportamento imperial, não deixaria de demonstrar desconfiança e temor perante países mais fortes. Por isso, Moscou, ou São Petersburgo, utilizaria sentimento de insegurança para alargar cada vez mais suas fronteiras como antídoto para seus temores geopolíticos. Será que o francês vislumbrou a pugna, geopolítica, poder territorial *versus* poder marítimo?

Isto porque, desde as invasões mongóis da *horda dourada* do século XVI, sofrendo assédio da Polônia no século XVII, passando pela invasão napoleônica em 1812, pela agressão alemã em 1941 e, (por que não?), a dubiedade ocidental provocada pela expansão da OTAN nos anos 2000, há como compreender o sentimento russo de fragilidade atávica que faz com que o Estado russo prefira marcar posição pelo "ativismo" diplomático-militar. Sobreviver, para a Rússia, é manter um largo espaço, tampão, que a separe de seus possíveis adversários: "A insegurança é a emoção nacional russa quintessencial" (...) a insegurança de um poder terrestre que precisava manter-se em permanente ataque e exploração em todas as direções, a fim de não ser, por sua vez, sobrepujado".[2] Ao iniciar o século XX os Estados Unidos eram a mais rica economia mundial e o maior receptor de imigrantes, muitos deles provenientes do leste europeu: russos de todas as culturas, poloneses, húngaros etc. A Rússia não somente era exportadora de gente para o Novo Mundo, mas se mantinha sob regime político carcomido e apegado a uma ideia de vida bastante reacionária, o que alimentava ressentimentos de todos os tipos e, certamente, serviu de combustível para os partidários da Revolução Outubro, comunista, de 1917.

Em grande parte, Tocqueville acertou em sua "profecia", visto que após a Segunda Guerra Mundial o mundo começou a ser governado por duas superpotências, Estados Unidos e União Soviética, esta passou a existir a partir do "chassi" deixado pelo velho Império Russo para erguer uma estrutura multinacional que abrangia o leste europeu e Ásia central, sendo todo esse povo ordenado a partir de uma cabeça centralizadora e coercitiva, o Kremlin. Ainda que se fale em propaganda e artifícios ideológicos para angaria poder e prestigio internacionais os Estados Unidos se consideravam os reais promotores do ideal democrático e liberdade como valores universais e, para isso, eles fariam intervenções em outros países, caso fossem necessárias. Já a União Soviética não se faria de rogada: promoveria seus valores socialistas por meios considerados "favoráveis à paz", como salientava Josef Stalin. Da mesma forma que o poder americano, o soviético também não deixou de intervir em outros países para assegurar o socialismo ou afastar medidas que pudessem ser consideradas antissoviéticas. Assim, Moscou ordenou o emprego de força na Polônia, 1954, e na antiga Tchecoslováquia, em 1968; isso

---

2 Robert Kaplan. *A Vingança da Geografia*. Rio de Janeiro, Campus, 2013.

em contraposição às intervenções norte-americanas na Guatemala, também em 1954 e no apoio à deposição de Mohammed Mossadegh, em 1952, no Irã.

Enfim, eram imperativos da Guerra Fria sob o qual a verdade política e a pureza das iniciativas nem sempre tinham lugar. O que devia imperar era a *razão de Estado* e instrumentos geopolíticos para subordinar todos os demais sob o comando de Moscou ou de Washington. Mesmo que houvesse um ou outro país rebelde o certo seria sua anulação como ator suficiente para sobreviver entre os dois gigantes: essa foi a sorte, ou infortúnio, de China, Iugoslávia e Índia que posteriormente procuraram constituir seu próprio clube, dos Não-Alinhados, de 1961, que também abriu inscrição para Egito, Indonésia e demais descontentes. Essas citações históricas são necessárias para reforçar o intuito deste texto. Isto porque apareceu artigo, clássico para estudos de política internacional que, de alguma forma, combina com o apontado por Tocqueville. Naquele ano o professor da Universidade de Oxford, Halford Mackinder, defende em seu *A Geografia como Pivô da História*, de 1904,[3] a máxima de que um poder naval (sem citar os Estados Unidos) e Rússia teriam que cumprir uma espécie de lei da natureza, da política internacional. Seria a premissa de que no desdobramento histórico, na história da política internacional, sempre há uma potência marítima contra outra, continentalista ou territorial. Essa lei da natureza política já havia existido na antiguidade quando Esparta, potência territorial, enfrentou Atenas, potência naval. Da mesma forma, se deu com o Reino Unido, dono dos mares, contra a França napoleônica que tencionava dominar o continente europeu. Raymond Aron, observador da geopolítica e crítico de Mackinder percebera em seu clássico livro que a oposição terra/mar deixara marca no século XX: *"Não é impossível interpretar a conjuntura atual à luz dos conceitos de Mackinder, vendo a rivalidade entre a União Soviética e os Estados Unidos como um episódio do eterno diálogo entre o poder terrestre e o marítimo, ampliado à escala do mundo contemporâneo. (...) Ajuda a imaginar o mapa do campo diplomático de acordo com o esquema sugerido por Mackinder: a república americana está situada numa ilha, comparável à posição da Grã-Bretanha com respeito à Europa e se esforça para proteger a linha costeira da massa eurasiana".*[4]

A questão é que para o pensador francês essa lei deve ser exercida de tempos em tempos. Por isso, na Guerra Fria era esperado que ela fosse encontrada no enfrentamento entre Estados Unidos, herdeiros do Reino Unido, e União Soviética, herdeira da França de 1812 ou da Alemanha imperial. As ideologias e valores partidários seriam somente tempero para dar gosto à disputa entre as duas superpotências (MELLO, 1999). Pouca validade havia para a geopolítica se um país era comunista, capitalista ou neutro, pois a tônica estava no acúmulo de poder e nos esforços para sobreviver da melhor forma possível como grandes potências. O ponto é que os Estados Unidos sobreviveram ao fim da Guerra Fria como a potência marítima

---

3 Título original: *The Geography Pivot History*, de 1904.

4 Raymond Aron. *Paz e Guerra entre as Nações*. Brasília, Edunb, 1986.

CAPÍTULO IV

por excelência. Quem seria a dominadora territorial, dos grandes exércitos, forças de terra? No começo dos anos 1990 a China não apresentava tais credenciais para tanto, nem qualquer membro da União Europeia. A Rússia, que saía dos destroços da finada União Soviética não tinha sorte melhor, uma vez que estava quase na solvência como Estado territorial digno desse nome. Na verdade, o país havia retrocedido politicamente para o século XIX, com pouca industrialização e dependente da exportação de commodities. Mas com a "reconstrução" político-econômica que passou a existir a partir de 2000, sob o governo de Vladmir Putin, Moscou entrou no mérito de acreditar que ele ainda pode ser sede de uma grande potência ou, ao menos, de uma potência regional ascendente. Não cabe neste texto avaliar o juízo desse governo. O debate proposto é analisar o perfil que a Rússia demonstra em face da disputa geopolítica da atualidade, do objetivo dos Estados Unidos que procuram se manter como a primeira das grandes potências.

Nos anos 1990, a *baleia* norte-americana saiu praticamente ilesa da grande disputa; já o urso soviético foi bastante machucado. Será que essas feridas se cicatrizaram no animal russo de hoje? Ao seguir as linhas dos mencionados clássicos neste texto o processo político, no qual uma potência naval enfrenta outra territorial no decorrer da história, ainda não se esgotou. A Rússia de Putin teria de dar fim a esse impasse, cujo caráter não é pessoal; não depende dele ou das circunstâncias governamentais - do mesmo modo que não é escolha particular de republicanos ou democratas nos Estados Unidos, mas sim imperativos geopolíticos. Com efeito, há como observar que na atual guerra Washington seria a "cabeça coordenadora" de um pacto militar, OTAN, que congrega potências navais e territoriais como Reino Unido e França, mas que, no final das contas, levaria o prêmio à maior das potências navais, os próprios Estados Unidos. De outro lado, há a Rússia de composição continentalista e que se sente bem à medida que suas fronteiras são alargadas e o território cresce.

No meio há os peões de importâncias variadas, que se filiam a um dos disputantes. A começar pela própria Ucrânia pode-se observar que sua guerra não ocorre por democracia ou direitos diversos, mas sim pelo fato de sua posição estratégica. O Estado ucraniano é vítima geopolítica pela posição que ocupa no leste europeu. Ele é área de contenção ou de passagem para os Estados Unidos e OTAN. Para a Rússia, a sua Ucrânia é periferia, sem vontade própria, mas com a tarefa de ser a primeira zona de defesa da Rússia. Por outro lado, Bielorrússia fecha com Moscou e Hungria prefere manter distância. E a Polônia passa impressão de esperar o que vai acontecer para colher resultados a ela convenientes Guardadas as devidas proporções há como repetir expressão dita por político mexicano, Porfírio Diaz (1830 a 1915), quando disse *"Pobre Mexico, tan lejos de Dios y tan cerca de Estados Unidos"*. Aqui ficaria assim: pobre Ucrânia, tão distante de Deus e tão perto da Rússia.

Em virtude do exposto, há como perceber que a resolução dessa guerra não será nada fácil, nem deverá ocorrer de modo rápido para a necessidade que o assunto pede, sobretudo para aqueles que mais sofrem, independentemente se é russo, ucraniano ou de alguma parte da Europa. Sim, será da forma descrita se, efetivamente, houver verdade nas reflexões encontradas nos dois mestres do pensamento político: Tocqueville e Mackinder. Por fim, cumpre dizer que não se trata de seguir, ou empregar, determinismos científicos ou geográficos que tanta perturbação provocou nas análises sobre política internacional das grandes potências. O debate geopolítico já teve sua pena cumprida por causa de afirmações categóricas. Será que a premissa do mar contra a terra; da enxada contra a espada, ainda tem validade? Por que não, se o clima internacional é propicio para tanto? É, necessário, para isso, esperarmos pelo desfecho da guerra entre Rússia e Ucrânia para aclarar mais o caso. Cumpre dizer, os Estados Unidos, com colaboração da Grã-Bretanha, ainda mantem o coroamento de controlador dos oceanos; e a Rússia, apesar de tudo, continua ser a poder da Eurásia.

Com o final da Guerra Fria deu-se a entender que a pugna continentalismo *versus* oceanismo havia deixando de existir em virtude da queda da potência que privilegiava o poder territorial, a União Soviética. A questão é que os Estados Unidos, a potência marítima da vez, emergira como incontestável para qualquer um na chamada nova ordem internacional — transformava-se na hiperpotência, algo sem igual na cronologia da política internacional. A Rússia, bastante desestruturada econômica e politicamente pelo fim da União Soviética, teria que se preocupar em não diminuir tanto em demografia quanto em território. Por isso, Moscou não possuía nenhuma possibilidade de ser centro contestador da *ordem americana*; pelo contrário, os anos 1990 foram de bastante angústia para o poder russo. Isto porque o Estado pivô eurasiano que fora dominante em uma parte do mundo, até os anos 1980, passou a ser visto na condição de um tipo de país do Terceiro Mundo, ainda que melhorado. Uma das amostras da forte decadência russa, em seu renascimento como Estado territorial, pode ser observada no padrão de vida, que havia caído para nível desconcertante para um país como a Rússia que, de certa forma, conseguira superar os problemas sociais mais prementes.

A crise geral russa nos anos 1990, para Peter Gowan, fez com que a expectativa de vida da população tivesse caído a níveis desconhecidos pelas sociedades europeias. Rússia teve queda na expectativa de vida, no pós-Guerra Fria, que não era conhecida pelas potências ocidentais, mesmo após a Segunda Guerra Mundial. Então, como lidar com uma potência, cuja população sofreu danos sociais e econômicos inimagináveis para um país que se solvera sem ter entrado diretamente em guerra ou ser atacado? E como a Rússia deveria se comportar na parte final do século XX? Enquanto a Rússia procurava não desaparecer como Estado regular, uma produção intelectual e acadêmica surgia para promover ou legitimar determinados debates que muito prestígio obtiveram no decorrer daqueles anos. Talvez o mais célebre foi proposto por Francis Fukuyama, intitulado *The End of History?* Nesse artigo, o autor utiliza do argumento de Georg F. Hegel (1770-1831) para ex-

CAPÍTULO IV

pressar a ideia de que a história havia acabado justamente com o fim da Guerra Fria e do desaparecimento da União Soviética – do mesmo modo que o filósofo alemão observou quando viu Napoleão Bonaparte varrendo o Antigo Regime na maior parte do continente europeu: ali a história virou a página. A premissa do autor é a de que o significado do *Fim da História* é o sepultamento de qualquer ideia que procure ser alternativa à defendida pelo vitorioso Ocidente: democracia liberal, livre-comércio e, de alguma forma, a relativização da soberania, considerando que a vida dos Estados, na nova ordem, seria regulada pelas organizações internacionais. Não haveria mais espaço para outras experiencias que não fossem a liberal. O fim da história seria também o ocaso das ideologias.

Hoje em dia talvez os estudantes universitários, bem como os professores mais jovens, não se recordem das propostas indicadas por Fukuyama que grande espaço teve para sua pregação. Mas na mesma época outras ideias surgiram com o intuito de diminuir o papel da grande política, ou da grande estratégia, que tão caro fora não somente para a Rússia, mas também para o agrupamento de Estados em desenvolvimento, ou periféricos, que procuravam marcar posição crítica no oligopolizado sistema internacional, como dizia Aron. A era aberta pelo fim do grande embate geopolítico permitiu a emergência de muitas visões, boa parte otimistas com os novos tempos, na medida em que vislumbravam uma ordem internacional mais aberta, mais democrática e assentada no respeito ao direito internacional. Nesse esquema havia a máxima de que a relativização da soberania, do poder político, seria salutar, justamente, para instituir aquilo que a "comunidade internacional" esperava.

Respeito ao meio ambiente, democracia liberal, livre-mercado, desarmamento (sobretudo o nuclear), acato ao direito dos tratados, seriam as boas nova, as disjuntivas, indicadas para compreender o começo de um tempo mais politicamente sofisticado ao ter como plataforma a racionalidade dos atores ao se tratar de desenvolvimento econômico, assunto particular dos países do Hemisfério Sul, e da segurança internacional, delicado para a Rússia. As disjuntivas modificariam a ordem esgotada pela Guerra Fria e inauguraria um convívio baseado nas virtudes que eram represadas pela corrida do terror. No atacado, estamos falando da globalização. Esse complexo sistema socioeconômico que muito assunto provocou nos anos 1990 e 2000, sem ter definição precisa. Ao mesmo tempo em que globalização poderia ser exaltada como ponto alto da cooperação sociopolítica internacional, de grupos contestadores contra o capitalismo ou as injustiças internacionais[5] ela, de igual modo, poderia ser, indiretamente, instrumento de con-

---

5 Nos referimos ao livro *Teorias da Globalização*, de Octavio Ianni, no qual o autor saudava o fenômeno como meio de superar os controles políticos dos Estados. Nesse aspecto, a globalização seria um evento que não obedeceria aos limites estatais e, por isso, intensificaria lutas sociais que não mais seriam nacionais, mas sim internacionais ao constituir redes de solidariedades de grupos contestadores, negros, mulheres, etc.

servação da hierarquia entre Estados, criando prestigitações ideológica a favor das grandes potências, contando com a anuência de unidades políticas pobres que acreditavam no fenômeno supranacional.

No final das contas, o que ficou da globalização foi sua imagem como fruto de artimanhas, ou da combinação, entre o sistema bancário/financeiro centrado em Nova York e Londres mais a tecnologia fomentada pela indústria de informática. Juntos, esses atores conseguiram fazer com que as finanças internacionais ocupassem papel impar na economia internacional, de liberalização de investimentos sem reservas e da aceitação de produtos e serviços bancários que, em princípio, não eram bem quistos pelos Estados territoriais, sobretudo os da Ásia, ciosos de sua liberdade em face de Wall Street e City de Londres.6 Criar uma rede de investimentos coordenados pelos Estados Unidos, antes de tudo, era fundamental para dar impressão de que as finanças internacionais não podiam ser controladas por governos, pois elas estariam acima dos poderes políticos em virtude, entre outras coisas, da tecnologia das comunicações que faziam operações instantâneas pelo planeta. A prestidigitação indicada acima residia na máxima de que se houvesse danos eles não seriam exclusivos dos países pobres, mas também dos industrializados do Hemisfério Norte. Isso dava a entender que os danos da globalização podiam ser democráticos.

Apesar de tudo, vale dizer que os anos de globalização, na década de 1990, foram de grande proveito e conveniência para os Estados Unidos porque foi o período em que a economia americana teve forte crescimento econômico que, por vez, deu grande mérito ao governo democrata de Bill Clinton. Foi crescimento, em grande parte, pautado pela financeirização da economia internacional e menos pela engenhosidade de produtos industriais. De fato, a Rússia desmantelada de seus poderes seria integrada em uma atmosfera de descontrole dos fluxos financeiros internacionais. E o pior é que não adiantaria contestar essa ordem de coisas, de acordo com determinado grupo de autores/políticos, uma vez que isso seria desperdício de energia e recursos. O antídoto para aqueles efeitos colaterais da busca pela riqueza e bem-estar poderia ser vistos, não no reforço daquilo que se chama políticas econômicas, vale dizer, do papel regulador e atuante do Estado, mas sim na desregulamentação e na adoção de medidas denominadas liberais ou cosmopolitas.

Na Rússia, o governo de Boris Yeltsin, de 1991 a 2000, foi pródigo para cumprir aquela agenda, adotando medidas sugeridas pelas organizações internacionais e endossadas pelas elites dirigentes dos Estados Unidos e da União Europeia. Ob-

---

6 Com efeito, esse tema é complexo e não pode ser desenvolvido satisfatoriamente neste texto. Contudo, lembramos, a partir de Gowan, que uma possível gênese da globalização, de teor financeiro, pode ser encontrada nas pedidas adotas pelo governo de Richard Nixon, em 1971, no qual tirou os Estados Unidos do Padrão Ouro, item relevante das instituições de Bretton Woods, de 1944, para fazer com que o dólar fosse usado como moeda internacional sem lastro e empurrado para todos os países do sistema financeiro mundial.

servadores da política russa escrevem sobre esses itens: "Democratização, modernização e todos os outros entendimentos possíveis da transição pós-comunista foram apresentados como ideologias que legitimavam uma política com vistas a diminuir a importância global da Rússia forçando-o a seguir regras formuladas alhures".7 Nesse aspecto, não há dúvidas de que Estados Unidos, em primeiro plano, aproveitaram a oportunidade para "enquadrar" a Rússia dentro de uma política que beirasse a subordinação ou, para angustiar o Kremlin, incentivar contestações de grupos anti-russos. E ainda podemos citar o processo para ampliar a OTAN na Europa Central e Oriental, na antiga área que tradicionalmente é vista como estratégica para o poder russo. Eis a admissão de República Tcheca, Polônia e Países Bálticos no seio da Aliança Atlântica nos anos 2000.

Por ventura, se a Rússia é, até agora, a expressão tradicional de poder continentalista, por outro lado, ela não teve condições de exercê-lo por falta de meios adequados para projetar força em sua área de atuação geopolítica. O governo Yeltsin não traduziu boa imagem da Rússia como potência, inclusive por ter perdido enfrentamento militar, como o de 1994, contra rebeldes chechenos que lutavam por independência em face de Moscou. Além da citada questão, a Rússia também nada pode fazer em relação às ações da OTAN na guerra da Iugoslávia, quando as forças da Aliança Atlântica, em 1999, bombardearam Belgrado. A reconstrução do poder nacional pelo governo Putin leva em conta a realização de algumas tarefas: melhoria das condições militares, sobretudo aquelas que dependem de maior aporte tecnológico; melhoria das condições salariais da tropa, bem como do pessoal burocrático ligado à área de segurança/defesa; neutralizar questões da economia doméstica, como alto desemprego e inflação; tirar maior proveito da economia do petróleo e gás natural; e reforçar a autoridade estatal, tanto sobre secessionistas quanto a grupos de oposição.

No plano exterior o governo Putin deve imprimir novas linhas de atuação na qual não permite, ou permitiria, avanços da OTAN, ou de determinados interesses ocidentais em região de articulação do poder russo, como zonas de fronteira ou em países do antigo domínio soviético, Géorgia e Cazaquistão, atos que poderiam constranger Moscou. Nesse ponto, fica patente que o assédio do poder americano, pela Aliança Atlântica, na Ucrânia pode ser interpretado pelo Kremlin como provocação ou desconhecimento dos reais interesses russos. No artigo de Sergei Karaganov, *Doutrina Putin*, o autor expõe a missão da Rússia para resgatar, em parte, seu poder. O país teria suportado bom número de constrangimentos após a Guerra Fria. Assim, já seria sem tempo para que a Rússia fizesse valer seu papel de modo multidimensional, exercendo papel na economia regional, na defesa, diplomacia e cultura, mormente às partes eurasiáticas que historicamente

---

7 Alexander Astrov; Natália Morozova. Rússia: a geopolítica vinda do Heartland. In Stefano Guzzaini (org). *O Retorno da Geopolítica na Europa?* São Paulo, Editora Unesp, 2020.

foram influenciadas pela ideia de eslavismo. De início, vislumbrar o poder russo é também pedir mudança da mentalidade do país, a saber, como a Rússia entende seu caráter nacional e suas características socioculturais. Em outras palavras, se Moscou quiser voltar a ser sede de potência reconhecida o caminho para isso começa dentro de casa, mudando sua maneira de ver a política, de modo que venha a atender seus interesses de modo geral, e não os dos outros.

A queixa do autor é, entre outras coisas, sobre as ciências sociais russas que deixaram de representar a visão de mundo e as prementes questões sociais do país para representar temas que costumam ser integrados ao grupo dos "pós-positivismos" ou "pós-modernismos" que, de alguma forma, contribuem para a alienação do que deve ser ciência. Assuntos que são gestados na Europa Ocidental e nos Estados Unidos e que procuram uniformizar, ou dar a entender, que os problemas mundiais são aqueles que tais intelectuais apontam – que não deixa de ser a ascensão de um tipo de pensamento único mais que liberal. Dentro desse campo haveria grupos de contestação pelos identitarismos, estranhos à maioria dos russos. Dentro desse aspecto, resgatar uma ciência social que expresse os reais problemas russos é salutar, inclusive valorizando aquilo que o marxismo-leninismo trazia de pertinente para um país como a Rússia, como o apego à autodeterminação e desenvolvimento. Nesse aspecto, a compreensão do que é democracia, direitos civis e individuais, para o autor, devem dizer respeito à tradição e aquilo que a população espera dessa forma de governo, e não atender a imperativos ocidentais que são desconhecidos dos russos, como supervalorização do individualismo, do hedonismo e desprezo pela religião nacional.

Vale dizer, um comportamento amplamente baseado em estilo de vida que privilegie a facilidade do cotidiano e o prazer a qualquer momento, hedonista. Um dos resultados de tal situação é a desmobilização nacional, a perda de vigor político e uma concepção de vida que torna a geração atual mais fraca e despreparada para os enfrentamentos políticos em comparação àquela que passaria pela Segunda Guerra Mundial e pela reconstrução europeia.[8] Assim, reconhecer qualidades do marxismo-leninismo, para Karaganov, não é incongruente com o patrimônio cultural e moral da Igreja Ortodoxa, uma vez que é pela religião que se constitui a civilização de um país e seu caráter nacional. E no caso da Rússia, a valorização da religião nacional é importante para constituir ideia de nação, bem como um programa de política exterior que ajude a elevar Moscou na condição de Quarta Roma do Cristianismo.

No âmbito internacional, o analista do Centro de Estudos Econômicos e Sociais de Moscou, imprime o termo "destruição construtiva" para designar algo que des-

---

8 Em parte, é o que trata o texto de Ronald Inglehart ao utilizar pesquisa sociológica sobre a formação das gerações que vieram depois da Segunda Guerra e, especificamente aquelas formadas pela cultura das revoltas de 1968, da rebeldia, da supranacionalidade e do relativismo.

gasta o espirito russo há décadas: qual é o perfil cultural ao Rússia? Ela está no Oriente ou no Ocidente, na Europa ou na Ásia? Esse dilema, para Karaganov, tem de esgotar, pois a Rússia não deve ser subserviente a uma cultura por ser supostamente sofisticada, a Oeste, e cobrar a despersonalização do país. Não há problema nenhum em assumir o fato de que Moscou é sede de uma potência também asiática. Por que não dizer, então, eurasiática? De fato, essa questão intelectual não desapareceu do debate russo. Saber qual é a real identidade cultural do país, se está mais para Oriente que para Ocidente, é assunto que toma atenção, por exemplo, de Alexandr Dugin, para quem a Rússia não deve procurar a ocidentalização por capricho ou por vaidade (aliás, sem propósito). O país deve assumir sua orientação asiática, mais que asiática, eurasiática, já que a Rússia é herdeira natural dos dois continentes e deve extrair o que é pertinente e grandioso dessa realidade, aí sim, multicultural.

Dugin é participe conhecido da retomada, e revalorização, do conceito de *eurasianismo*, corrente que procura resgatar valores sociais, culturais e políticos eslavos a partir do centro geoistórico de Moscou. Esse centro estratégico, em vários modos, seria responsável não somente para o bem-estar russo, mas também do leste europeu e centro asiático. Mais do que isso, o eurasianismo poderia abarcar também a Alemanha, como potência descontente por estar há décadas sob a humilhante e limitada ordem americana.9 Desse modo, cabe à Rússia deixar de buscar atenção do Ocidente, em princípio dos Estados Unidos, porque as relações com aquela potência não estavam mais baseadas na equidade e no respeito mútuo. O que Washington tencionava era estabelecer subordinação russa a seus interesses. E esse comportamento havia crescido muito mais nos anos 1990, nos quais a Rússia se encontrava em forte crise econômica e com sérios problemas de organização nacional, inclusive com riscos de secessões, a exemplo das guerras chechenas.

Karaganov também advoga a premissa de que o engrandecimento da Rússia, e de sua cultura tradicional e religiosa, pode tirar a Europa de seu lamaçal espiritual causado, entre outros, pelo excesso de materialismo que acaba pautando o que deve ser importante na vida do cidadão europeu médio. A contaminação europeia se daria também pela presença maciça dos Estados Unidos e seu modo de vida desagregador por causa da busca desenfreada do prazer e de um subjetivismo corrosivo. Em outras palavras, o que a Rússia procura fazer a duras penas, na Presidência Putin, é reestabelecer seu "amor próprio", de nação que se respeita e procura respeitar as outras a partir da reciprocidade. Prestar mais atenção à escalada de poder da China, bem como ao seu entorno estratégico é substancial para a política externa russa. Por isso, a importância do Kremlin ao estabelecer

---

9 Os livros de Dugin não são facilmente encontrados no Brasil, mesmo sendo autor de relevo para a compreensão da geopolítica russa nos tempos de Putin. A editora do livro que mencionamos neste capítulo, Episch Verlag, de 2021, não tem sitio eletrônico encontrado na internet. Parece-nos que ele foi retirado por ordem judicial.

relações de alto nível com Pequim, em intercâmbios econômicos, de início. Daí a pertinência de se alimentar constantemente a Cooperação de Xangai, de 2001.

Em políticas que se aproximam de princípios de integração regional, a Rússia deve se aproximar, em novos moldes, das antigas possessões da época do império que, posteriormente, se transformaram em republicas soviéticas e, na atualidade, são países independentes. Quer dizer, países independentes em parte. Isto porque essa área da Ásia Central não é ocupada por soberanias, de fato, autônomas e sabedoras de seu papel. São, em grande parte, países sem histórico nacional ou maturidade que acabam sendo atraídos por promessas das potências ocidentais que os usam para, justamente, constranger Moscou. Por isso, cabe a Moscou estabelecer relações proveitosas que sejam feitas a partir de ganhos mútuos e sem reproduzir comportamentos imperiais, do czarismo, ou autoritários, como se percebeu nos tempos da União Soviética. Eis um equilíbrio que a Rússia teria de encontrar para não permitir que países de sua borda, caso da Geórgia, sejam atraídos pelo modernismo decadente, para Karaganov, da União Europeia e apoiado pela OTAN.[10] Em outro aspecto, pensa Karaganov que o plano de reconstrução do poder russo não seria expansionista ou agressivo, visto que sua posição busca manter integridade de seu território e de seu "estrangeiro próximo", caso mais sensível que é o da Ucrânia. O caso ucraniano é um dos mais complicados, não apenas para o Kremlin, mas para todo o sistema internacional. A razão para tanto é que o assédio sobre essa unidade política, de posição altamente estratégica, vem ocorrendo desde 2014, quando houve o dramático acontecimento denominado *Euromaindan*, na cidade de Kiev, no qual fora destituído o governo para que no lugar dele fosse instalada administração que fosse mais ocidentalizada.

Tratava-se da destituição de governo, de Viktor Ianukovytch, que era considerado simpático à Rússia. E isso poderia nublar as intenções de abrir a Ucrânia tanto para o capital da União Europeia, que poderia integrar aquele país ao bloco, bem como à própria OTAN, hipótese essa com maior dificuldade de ter ocorrido, mas não necessariamente impossível. O problema era justamente o caráter geopolítico que a Ucrânia expressa para Moscou, cuja transferência para o lado ocidental poderia perturbar a geopolítica eurasiática russa: "Ocidente tenta desesperadamente defender-se com retórica agressiva. Tenta consolidar-se, apresentando as últimas cartas que tem guardadas na manga para virar o jogo. Uma dessas é tentar usar a Ucrânia para prejudicar e neutralizar a Rússia.

A localização da Ucrânia sob o aspecto geopolítico é tema controverso e que pode alimentar interpretações variadas. Se o país é parte do estrangeiro próximo, como se aplica ao cotidiano político russo, logo a sorte ucraniana não deve ser separada do vizinho maior e mais forte: a Ucrânia é uma espécie de vítima geopolítica, um

---

10 Phillipe Sébille-Lopez. *Geopolíticas do Petróleo*. Lisboa, Instituto Piaget, 2007.

Estado territorial que pode ter uma vida de virtude, de respeito às instituições internacionais e até ser uma democracia, porém, pouco disso importa para Moscou. Pouco importa ou pode ser usado como argumento justamente para fazer com que Kiev não se esqueça de que lado ela está e deve continuar. A razão para isso pode ser encontrada no artigo que Mackinder escreveu em 1943,[11] com o intuito de repassar seu argumento depois de quarenta anos e também para botá-lo à prova no clima da Segunda Guerra Mundial, na qual uma potência continentalista, a União Soviética, da área pivô (*pivot area*), junto com duas potências navais, Estados Unidos e Reino Unido, combatia a potência territorial alemã pela defesa do coração continental eurasiano. No texto do geógrafo britânico a União Soviética apresentava praticamente um ponto relativamente em risco no extremo da Ásia, Vladivostok, nas proximidades do inimigo japonês; um ponto de defesa no extremo norte da Sibéria, defendida pelo gelo e uma fronteira de segurança no Cáucaso, sem inimigos naturais ou potência relevantes para ameaçar Moscou.

Cumpre dizer que, tanto no texto de 1904 quanto na revisão de 1943, o elemento chave do pensamento de Mackinder persiste, e é utilizado atualmente de diversas maneiras, embora com termos diferentes, mas não excludentes. Trata-se da definição territorial, nem sempre muito precisa, que abarca praticamente toda a Sibéria, excluindo o extremo Leste; pega o norte da China, Mongólia, toda a parte ocidental russa e conclui o avanço integrando a Ucrânia, suas ricas terras pretas em uma zona relativamente exclusiva e relativamente fechada, que no artigo publicado no calor da Segunda Guerra Mundial o autor denominou de *heartland*, coração continental. Uma feliz interpretação desse pensamento é encontrada em Mello.[12] Embora o geógrafo de Oxford não tivesse demorado em apontar por que o *heartland* seria tão especial em sua percepção geopolítica há como entender em seu gigantesco perímetro poderia se extrair bom número de matérias-primas consideradas estratégicas, caso de ouro, ferro, urânio, areias raras, potente agricultura e petróleo em grande quantidade. Por causa disso, uma das interpretações gráficas da área pivô abarca o Oriente Médio e Irã.

Onde estaria a vulnerabilidade soviética? Ela se encontraria, para Mackinder, justamente na Ucrânia, na época integrada ao espaço territorial soviético. Isto porque a Ucrânia é corredor, zona aberta tradicional de passagem de tropas que historicamente ameaçavam o Império Russo e continuava com o soviético. A saber, uma zona aberta sem obstáculos naturais que estivessem à altura de barrar ameaças vindas do Ocidente. Assim, Putin deve seguir esse raciocínio de vulnerabili-

---

11 Título original: *The Round World and the Winning of the Peace*, de 1943.

12 Leonel Itaussu A. Mello. *Quem tem Medo da Geopolítica?* São Paulo, Hucitec, 1999. Alternativa à visão "materialista-geográfica" no conceito de *heartland* há o capítulo escrito por Astrov e Morozova, no qual analisam o instrumento espiritual e cultural, substanciado pelo eurasianismo que unificaria os povos de tradição cristã-ortodoxa e eslava em um projeto geopolítico contra a degeneração moral do Ocidente.

dade territorial a partir do Ocidente. Por fim, há como percebermos que a atual guerra europeia não pode ser interpretada apenas de uma forma. Se determinado observador apresentar um motivo para seu acontecimento isso pode ser visto como escolha, de ser parcial. Ou ao usarmos expressão famosa de Raymond Aron, a escolha de uma razão para tal guerra faz do observador em questão um "expectador engajado". É claro que, sob esse ponto, não podemos apresentar queixas, visto que todo observador é portador de opinião, inclusive o autor deste ensaio.

Não há problema nenhum em ser expectador engajado. Só tencionamos chamar atenção para o fato de que a explicação do conflito entre Rússia e Ucrânia pode ser encontrada nas linhas deixadas pela história desde o começo o final do século XIX, no qual uma lei da geopolítica entraria em ação de tempos em tempos. Uma potência continentalista enfrentaria outra potência naval, como se fosse uma dialética da qual sairia a evolução da história, as mudanças mundiais feitas por fenômenos materiais, advindos das condições geográficas. Não se trataria de determinismo geográfico, mas sim de uma luta, cujo desfecho seria o progresso histórico. Seriam, então, as forças aplicadas pela OTAN direcionadas contra a Rússia, e usando a Ucrânia como razão de Estado, um capítulo atualizado de Mackinder? Há motivos para que o Estado eurasiático seja enquadrado e enjaulado, da mesma forma que a baleia americana fizera nos anos 1980 contra o urso soviético? Como havia mencionado Toqueville, em 1835, a espada violenta russa deveria ser contrariada pela criatividade e democracia norte-americanas para que houvesse uma nova ordem internacional mais liberal? A resposta, certamente, não poderá ser fornecida com a qualidade esperada nestas poucas páginas.

Embora possam ser assuntos distintos, a atual guerra europeia não se limita somente ao embate russo-ucraniano, no aspecto estratégico-militar. Sua interpretação, a depender do interessado, pode levar em conta a natureza do Estado russo, a maneira com a qual se deu a formação do Estado ucraniano, sobretudo no século XXI, conformação política e social da União Europeia e, por fim, as razões da expansão do poder americano via OTAN. A atual luta da Rússia na Ucrânia, para Paulo Visentini, não pode ser compreendida somente com informações do cotidiano, veiculadas pela imprensa convencional. O empenho militar de Moscou em seu estrangeiro próximo é ato que vem desde o final do século XVIII, no qual se procurou consolidar ao espaço russo cidades como Kherson e Nikolayev, sem falar de Sebastopol, lugar estratégico para a Marinha de Guerra russa que se localiza na região da Crimeia, saída mediterrânea no Mar Negro. É sobre esse prisma que Vladmir Putin defende a máxima de que a entrada militar russa na Ucrânia não se trata de decisão unitária de um governo constrangido pela aproximação ocidental na Europa do Leste. No entender do mandatário do Kremlin a história russa e ucraniana sempre foi *una*, sendo que a separação político-histórica é arbitrária. Ela fora feita pelo desmanchar da União Soviética na qual Kiev e Moscou perderam unidade.

CAPÍTULO IV

A política da Rússia na atualidade, para a elite que compõe o poder em Moscou, é resgatar seu poder perdido nos anos 1990, considerados trágicos para os portadores da Rússia como potência. Mais do que isso, a possível ascensão russa na cena internacional teria também função *transbordadora* e reformista da política internacional. Transbordadora porque, segundo Dugin, a Rússia teria condições de espalhar sua virtude política para outros Estados que se localizam em sua borda ou na Eurásia; uma virtude moral que resgaria o valor da nacionalidade, da cultura tradicional e da religião. A atuação russa também seria reformista pelo fato de militar pela transformação do sistema internacional, deixando-o menos unipolar e mais multipolar. Isto porque Moscou considera que já seria sem tempo de mudar o sistema de Estados que há décadas é comandando pelos Estados Unidos e acompanhado pela "harmonia de interesses" que há com a União Europeia, mantendo uma ordem na qual as questões econômicas e políticas são diferenciadas em seus ganhos. Desta forma, Moscou, Pequim, Nova Deli, Brasília, a princípio, poderiam constituir um novo sistema internacional, multipolar e mais dinâmico que viesse a contemplar todos os Estados. Por isso, dentro de uma interpretação, a guerra travada entre Rússia, Ucrânia e, por extensão, OTAN, seria o teste de fogo, a prova final que as potências contestadoras da ordem americana teriam que passar para que o progresso geral seja alcançado. A história *mackinderiana* ainda continua, visto que há muito para se esperar sobre a premissa na qual a pugna poder territorial *versus* naval não foi concluída. Só teria de saber quem seriam as "cabeças de chave": Estados Unidos, Rússia, China e União Europeia.

REFERÊNCIAS BIBLIOGRÁFICAS

1. Aron, Raymond. *Paz e Guerra entre as Nações*. Brasília, Edunb, 1986.
2. Astrov, Alexander; Morozova, Natália. Rússia: A Geopolítica vinda do Heartland. In: Guzzini, Stefano (org). *O Retorno da Geopolítica na Europa?* São Paulo, Editora Unesp, 2020.
3. Dugin, Alexandr. *Putin Versus Putin: o Enigma Geopolítico*. Episch Verlag, 2021.
4. Fukuyama, Francis. The End of History? In: *The Washington Post*, de 30.07.1989. Versão eletrônica encontrada em https://www.washingtonpost.com/archive/opinions/1989/07/30/the-end-of-history-as-our-mad-century-closes-we-find-the-universal-state/7c093448-3d47-48a3-bbba-f694664de475/. Texto lido em 20.04.2023.
5. Gowan, Peter. *A Roleta Global*. Rio de Janeiro, Record, 2003.
6. Guzzini, Stefano. O argumento: a geopolítica para corrigir as coordenadas da identidade da política externa". In: GUZZINI, Stefano (org). *O Retorno da Geopolítica na Europa?* São Paulo, Editora Unesp, 2020.
7. Held, David. A Democracia, o Estado-Nação e o Sistema Global. In: *Lua Nova*. Nº 23, março de 1991.
8. Ianni, Octavio. *Teorias da Globalização*. Rio de Janeiro, Civilização Brasileira, 1996.

9. Inglehart, Ronald. A revolução silenciosa na Europa: mudança intergeracional nas sociedades pós-industriais. In: *Revista de Sociologia e Política*. Vol. 20, nº 43. Curitiba, Universidade Federal do Paraná, 2012.

10. Kaplan, Robert. *A Vingança da Geografia*. Rio de Janeiro, Campus, 2013.

11. Karaganov, Sergei. A nova política externa russa: a doutrina Putin". In: *Caixa de Ferramentas*, fevereiro de 2022.

12. Mackinder, Halford. J. A geografia como pivô da história. In: *Revista de Geopolítica*. Nº 2, vol. 2. Natal, Universidade Federal do Rio Grande do Norte, 2011.

13. Mackinder, Halford. J. O mundo redondo e a vitória da paz. In: *Revista de Geopolítica*. Vol. 10, nº 2. Natal, Universidade Federal do Rio Grande do Norte, 2019 [1943].

14. Mearsheimer, John. *A Tragédia das Grandes Potências*. Lisboa, Gradiva, 2007.

15. Mello, Leonel Itaussu. *Quem tem Medo da Geopolítica?* São Paulo, Hucitec, 1999.

16. Putin, Vladmir. *On the History Unity of Russians and Ucrainians*. President of Russia. 12.07.2021. Versão eletrônica em http://en.kremlin.ru/events/president/news/66181. Lido em 15.15.2023.

17. Sébille-Lopez, Phillipe. *Geopolíticas do Petróleo*. Lisboa, Instituto Piaget, 2007.

18. Tocqueville, Alexis de. *A Democracia na América*. São Paulo, Editora Abril, 1974.

19. Visentini, Paulo. *A Rússia Face ao Ocidente*. São Paulo, Almedina, 2022.